JN124693

ダスカロスが伝えるエッセネ派の聖母マリア

永遠の祈り

Dr.スティリアノス・アテシュリス／ダスカロス［著］
パナヨッタ・セオトキ・アテシュリ［編］
鈴木眞佐子［訳］

きれい・ねっと

はじめに

訳者　鈴木眞佐子

ギリシャ正教やカトリックの教会などでは8月15日が聖母マリアの昇天された日とされています。その翌日、２０２０年8月16日にダスカロスのお嬢さんであるパナヨッタ・セオトキ・アテシェリさんが聖母マリアについて父親が語ってくれたことをまとめ、キプロスでウィーン・サークル主催のオンラインセミナーを開催しました。本書は、そのセミナーの内容のほか、本書のためにパナヨッタさんが提供してくださった新たな内容も加えて日本語に翻訳したものです。

まず、ダスカロスをまだご存知ない方のために、少しダスカロスについて紹介いたします。

ダスカロスの本名はスティリアノス・アテシュリス博士です。「ダスカロス」とは、ギリシャ語で「先生」を意味する言葉であり、アテシュリス博士はこの通称で世界中の人々に親しまれてきました。

１９１２年にキプロス島で生まれ育った彼は、幼少期から類まれな才能を発揮し、7歳からマスターとして知られ、大人になってから神秘家でありヒーラーである彼のもとに、世界中から助けを求める人たちが訪れるようになりました。その詳細は社会学者のマルキデス・キリアコス氏の著作『メッセンジャー～ストロヴォロスの賢者への道～』（鈴木真佐子訳・太陽出版刊）で紹介されています。ダスカロスは１９９５年に八十二歳で天に召されました。

ダスカロスには自分のすべての前世の記憶があり、イエス・キリスト時代やその前の古代エジプト時代、レムリア時代のこともすべて覚えていたそうです。ダスカロスは前世で話した言語も覚えていて、英国の大学の古代エジプト研究者たちはヒエログリフの解読作業が壁にぶつかると、お忍びでキプロスを訪問して教えを乞うたと聞いています。

また、ダスカロスは二千年前にキリストのエッセネ派の若いお弟子さんとして、最愛なる師、キリストから直に学んでいます。ダスカロスにはヒーリング以外に重要な使命があり、それはキリストが十二使徒たちに伝えていたその教えを現代の人々に伝授することでした。

ダスカロスの教えは、ギリシャ語のものは英語、ドイツ語、イタリア語、スウェーデン語、そして日本語に訳されています。英語で書かれた原書もあるようです。その教えを学び、実践する者たちは世界中にサークルを持っています。メンバーたちは「真理の探究者」としてダスカロスの多くの著作やＤＶＤ、ＣＤからも学び、キプロスやヨーロッパで開催されるパナヨッタさんによるセミナーやウェビナーに参加することも可能です。

私自身はダスカロスにお会いする機会はありませんでしたが、24年前にダスカロスの著作と出会い、現在パナヨッタさんのもとで学んでいます。ダスカロスの教えは一見難しくもあるのですが、学べば学ぶほどに理路整然としていて奥が深いものだと日々感じています。

本書の基になった2020年のパナヨッタさんのワン・デイ・セミナーは、瞑想から、講義、レッスンと盛りだくさんで、文献にまだ紹介されていない内容のものが半分以上を占めていました。それらはかつてダスカロスが語り、教えていたものです。セミナーの内容は胸を打つものがあり、そこで、日本の探求者向けに小さな本にまとめさせていただけないかとパナヨッタさんにお願いすると、幸いにも願いを聞き入れてくださいました。さらにセミナーの内容に加えて、新しい情報も加えていただけました。

セミナーはギリシャ語の祈りに始まり、音楽が紹介され、瞑想、レッスンと続きました。本書では内容を多少入れ替えていますが、まず冒頭はマリア様を祝う祭日の紹介でしたので、本書でも同様にそこから始めたいと思います。本書を通して、真理の探究を楽しんでいただけるよう、訳者として願っております。

表紙画／はせくらみゆき
イラスト／山田恵美子

ダスカロスが伝えるエッセネ派の聖母マリア

永遠(とわ)の祈り／目次

第6章　瞑想＆エクササイズ　163

第1章

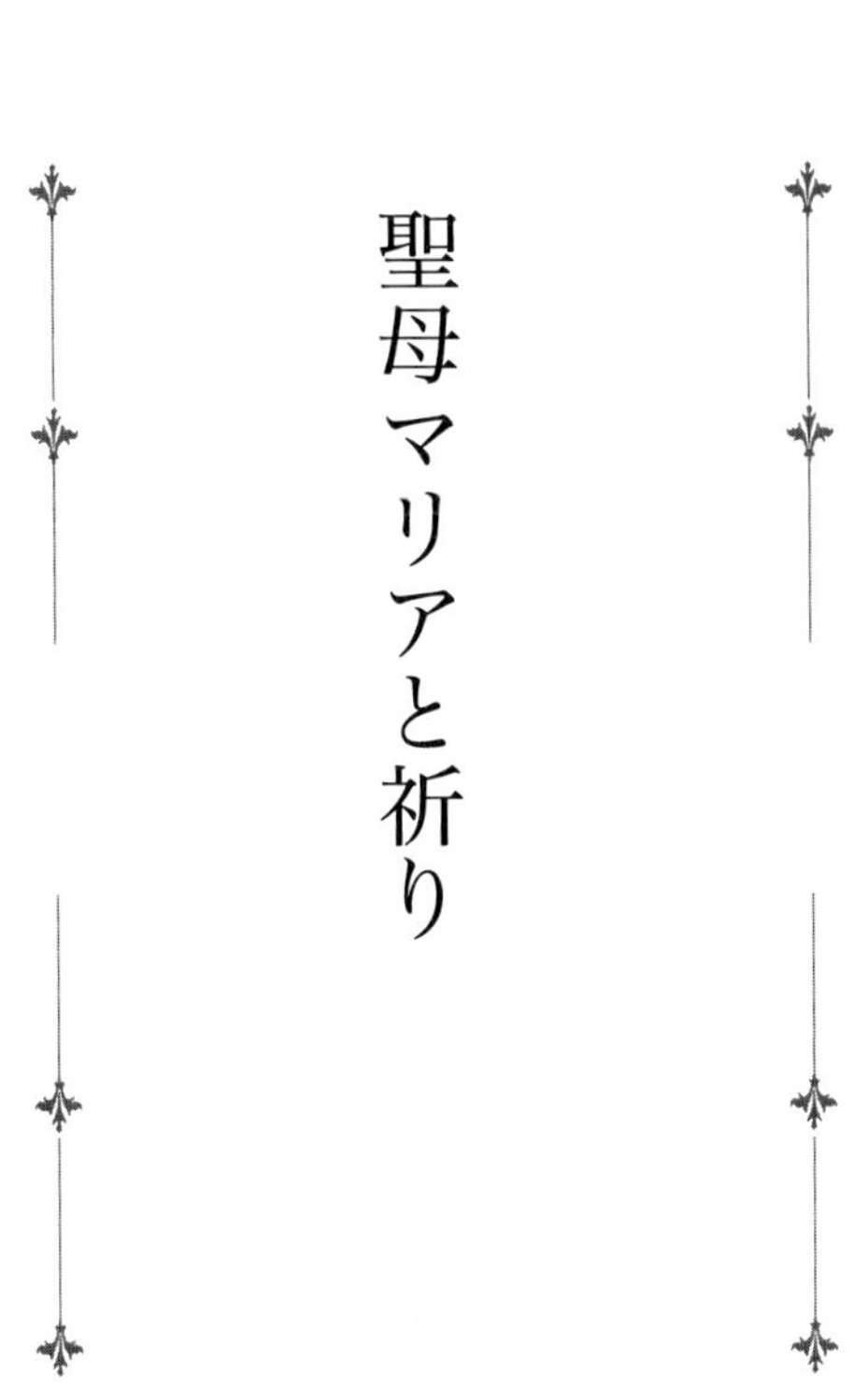

聖母マリアと祈り

聖母マリアの祭日の紹介

ギリシャ正教では聖母マリアのお祝いを年に4回行います。

3月25日
大天使ガブリエルが聖母マリアの前に現れて、ユリを渡し、キリストが誕生することを伝えました。

8月15日
人間の言葉では亡くなったと言いますが、肉体を残さなかったのでそれは真実ではありません。昇天（アセンション）されたといいます。

9月8日
聖母マリアの生誕を祝います。

11月21日
聖母マリアが天の白い鳩としてエッセネ派の寺院に入られたことを祝います。

奇跡、聖母マリアの出現

若い頃のダスカロスの写真には、バイオリンを弾いているとても繊細そうな美青年として写っているものもありました。バイオリンもピアノもとても上手だったそうです。しかし、キプロスが英国から独立するための運動があったときに、英国人に捕まってひどい拷問にあい、指を折られてからピアノが弾けなくなってしまったとパナヨッタさんから聞いたことがあります。

本章でご紹介する文章には、その時ダスカロスが聖母マリアによって救われた詳しい話が書かれています。そして、聖母マリアは自分が特別だから来てくれたのではなく、彼女を必要とする人のところには宗教に関係なくどこにでも来てくれるとも書いています。また実際にそのことが証明される、他の2つの奇跡につ

いても紹介されています。

祈りと奇跡

今日、キリストが見える人はいるのだろうか。聖母マリアが見える人はいるのだろうか。

キプロスで戦争が起きたとき、ある人々が私について何か言ったために、私はイギリス人に逮捕された。彼らは私が英国の爵位の称号であるサー（Sir）を持っているとは考えていなかったが、私の父はサーとして認められていた。後になって、彼らは私を間違って逮捕したと偽った。彼らは私を拷問部屋に連れていった。もしかすると、私は拷問される最後の人間で、残った全部の重荷を背負わされるはめになったのかもしれない。この後にキプロスの独立が宣言されることになったのだ。

彼らは私にひどい拷問を行なった。私を素っ裸にして、私が真っ青になるまで蹴ったり、殴ったりした。なぜそのようなことをしたのか。彼らは、「お前は半分イギリス人なのに、俺たちを裏切ったんだ」と言った。そのように彼らは私を誤解していたのだ。

彼らは私を何時間も蹴り続けた。そして、私の腹に太い針を何本か刺して、その針の端に火をつけるのだった。私は丸裸で、脇の下にゆでたての熱い卵を当てられ、それが外されると今度は氷のかけらを当てられるのだった。最後には氷なのか卵なのか感覚がわからなくなった。その後、彼らは私の頭をバケツの水の中につっこんだ。頭をあげると、薄い布を私の口に入れたので、私は必死に息を吸おうとしてそれを飲み込んでしまった。彼らがそれを引っ張り出すと、私は出血し始めた。

セメントの床しかない空っぽの独房で彼らは私を蹴り続けた。それは冬の12月で、私は丸裸だった。彼らはあと1時間したらまた拷問を始めると私に言った。そしてその通りになった。午後全体を通し、そして夜どおし彼らは拷問を続けた。私は顔をセメントの床にあててうつ伏せになっていたが、一瞬ため息をついて、「Panagia Mou（聖母マリア）なぜ私を一人にするのですか?」と言った。「Panagia Mou」とは、「My Lady」（聖母マリア）を意味する。

私たちは聖母マリアを強く信仰している。後に、守衛たちが独房の扉の格子の間から光がもれていたと告白した。私はうつ伏せになっていたが、顔のすぐ下に手を感じ、その手が私の顔を支えて振り向かせた。すると、そこに私が知っている通りの聖母マリアの姿が見えた！私は、

「なぜ私を一人にするのですか?」と尋ねた。

「あなたが一人だと誰が言ったのですか」と彼女は言った。

私はため息をついた。

「あなたを産んだあなたの母親でさえ、私ほどあなたを愛していないでしょう。いろいろなことが起きます。でも、伝えましょう。あと15分もしたらあなたはおう

ちで安らいでいるでしょう」

「それはありえない話です。守衛は1時間後には戻ってきてまた拷問を始めると言っていました」と私はため息をつくと、振り返って聖母マリアの手にキスをしようとした。するとその手は消えていき、私の唇はセメントに触れていた。これは想像ではなかった。あの方は聖母マリアだったのだ！

しばらくすると、ファーマグスタ市の警察署長が叫びながら入ってきた。

「なぜサーを逮捕したんだ！」あとの者たちが来たとき、私はまだ裸のままだった。彼は着物を持ってこさせると、白い毛布に私を包んで、

「家に帰りましょう」と言った。署長はトルコ人だった。

結果的に15分以内に私は家に戻っていた。家では私の友人の何人かが泣きながら待っていた。その中の何人かは医者だった。私の状態を見ると、彼らは私の体を摩擦し始めた。蹴られたために肋骨も数本折れていたし、医者たちは大きな血の塊も

取り除く必要があった。妻と他の人たちが、「いつもあなたがお祈りをしている部屋は、電気を消してあったにも関わらず、光に満たされていました」と言っていた。

では、聞こう。聖母マリアは私の所に来てくれたのだろうか。そうだ！私の知っている女性の姿で来てくれたのだろうか。または、絶対的なスーパー・意識としてだろうか。ひょっとすると、その瞬間に彼女は姿を現しながら、同時に五千の場所に自分のイメージを創造できたのかもしれない。彼女は私を特別扱いしていたのではない。彼女はベルナデット（ルルド）の前にも現れたではないか。

聖母マリアはどこでも同時に姿を現すことができる。キリストも同じことをして奇跡を起こしていた。私たちが奇跡と呼ぶものは奇跡ではなく、命の現象である。ルルドでどのくらい、奇跡と呼ばれていることが起きているのだろうか。私はそのような話をたくさん知っている。

聖母マリアはカトリック、正教会、プロテスタントに、そして彼女に信仰を持たない人にも、好意を示すのだろうか。そうだ。彼女はすべての人間を助けているのだ。

チノス島（ギリシャの島の一つ）で何年か前に私に起きた話をしよう。チノス島には聖ルカによって描かれた聖母マリアのアイコン（聖像）があり、そこで聖母マリアが奇跡を起こすという。私たちは時々、家族でそこにいく。ある朝、目が覚めると、家族はまだ寝静まっていた。そこで、私は教会に行くことにした。そこに行くためには、港から多くの石段を上（のぼ）っていかなくてはいけない。そこに着くと、神父が私に、

「早すぎます。まだ掃除をしているところですよ」と言った。

「いや、気にしないでください」と私は言って、教会に入った。数人の女性が床を洗っているところだった。神父は私に、

「聖母マリアの前の床を洗ってみたいですか？」と聞いた。

「ぜひ、やらせてください」と私は言った。

「王様もこのようなことをするって、知っていましたか?」と神父は聞いた。

「知っていますよ。私も今からやりますから、任せてください」と私は言って洗い始めた。

30分もすると掃除が全部終わり、神父はこれから教会の扉を開けると私に言った。

すると、ひざまずいて階段を上ってくる太り気味のご婦人がいた。彼女は体が麻痺した息子を治すために、教会までひざまずいて歩いていくと聖母マリアに約束したのだった。息子は12歳の少年で、そのご婦人の連れの者たちが少年を石段の上にと引きずっていた。少年は期待の眼差しで見ていたが、ご婦人はつらそうだった。石段はあと5、6歩残っていて、私が降りていくと、彼女は絶望の表情をしていた。私はこう言った。

「何をしているのですか。聖母マリアは、あなたの血を石段に必要とするような残酷な方だと思っているのですか」

「でも、私はお約束をしたのです」

「そのようなことをするのは、聖母マリアへの侮辱ですよ」と私は彼女に言った。私は体の麻痺した子供を見て、私のエーテル・バイタリティで彼の体を満たした。私は彼の手を取り、

「さあ、立ちなさい。待っている方がいますよ」と言った。

少年はちょっとふらついたが立ち上がった。私は彼を腕で支えると、

「歩きなさい」と言った。すると彼は元気になった。

彼は石段を上がって行ったので、私は少年に、聖母マリアの前でひざまずいて、聖母をたたえるようにと伝えた。もちろん、そのご婦人は石段を血だらけにしてしまったが、目の前で起きた事を見て涙を流しながら聖母マリアに感謝した。

抜け目のないギリシャ人のジャーナリストがそこで写真を撮っていた。彼は私の所に来て、

「ワハハ、旦那、なかなか上出来でしたね。アイコンの聖母マリアが今歩いてい

る少年を助けたんですかね！うまいパフォーマンスでしたよ。あんたはその役をいくらで引き受けたんですかい？」

『信仰がないなら、なぜあなたはここにいるんだ？」と私は言った。

「あのアイコン、聖母マリアが少年を治したというんですか。いや、最初から彼は何でもなかったんだ。彼はその振りをしただけで、あんたもその振りをしたんだろう」

私は彼が愚か者だと伝え、

「聖母さま、許してあげてください。彼は自分が何を言っているかわかっていないのです」と言った。

私はこの出来事を奇跡とは呼ばない。奇跡と呼ばれるようなことは、時間・空間での現象であって、これは神の愛、聖なるものからの愛を表現しているのだ。こういった事は起きることがあるのだ。

私はこの子供を私のエーテル・バイタリティで満たした。私はそれを理解しているが、それで少年が治るのに十分であったのだとあなたは思うだろうか。足が元の長さに戻るような現象を目撃したとしてそれを私がやっているとあなたは思うのだろうか。違うのだ！これは聖霊とキリストがもたらしたものなのだ。聖母マリアはそう望めば多くの、多くの場所に同時に物質化することができる。そして、異教徒とあなたが呼ぶような人たちも助けるのだ。

キプロスで20年～25年前に起きた実話がもう一つある。トルコ系のイスラム教徒がパフォスの小さな家に暮らしていた。彼は農家を営んでいて、彼の所にはオリーブの木が何本かあった。彼が借りていた家には小さな祭壇があり、聖母マリアのアイコンが祀られていた。多くのギリシャ人はそこのランプにろうそくを灯しにくるのだった。

彼は祭壇の聖母マリアのランプに火を灯すために、毎年、一年間の間、自分のオリーブの木のオリーブ油を二缶ほど使うのだった。アイコンは、風から守るための扉が前についた小さなガラスのケースに入っていた。毎晩、彼の17歳の娘は灯っているか確かめに来て、灯っていないときはそれを灯すのだった。

ある時、若い娘の背中の脊柱に近い場所に癌ができてしまった。癌は小さなオレンジ、または、大きな卵くらいの大きさで、痛みがひどかった。両親がトルコ人の医者のいる病院に行かせると、それは悪性の癌と診断された。もちろん娘はとても嘆いた。

ある日、彼女の両親と小さな弟が出かけた留守に、小さな家の戸が自然に開いた。娘が振り返ってみると白と青色の服を着たトルコ人のように見える美しい女性がいた。女性は娘のいる所に来ると、トルコ語で話しかけた。

「娘よ、あなたを元気にしてあげましょう」

「あなたはどなたですか?」と娘は聞いた。

「あなたは私のためにランプを灯しています」

「メリエマナ様ですか?」トルコ人も聖母マリアを信じている。彼らは祈る時、彼女を「メリエマナ（Meryemana）」と呼ぶ。

「聖母さまはギリシャ人を愛されていますが、トルコ人も愛されているのですか?」と娘は聞いた。聖母は娘の問いには答えずにこう言った。

「あなたの弟に明日来るように、そして、動物を殺すために使っていないナイフを持ってくるように伝えるのですよ」

家族が戻ってきたが、娘は何も言わなかった。そして、小さな弟に村の店に行って、新しいナイフを買ってくるようにと伝えた。ナイフを持って帰ってきた弟はもちろんそれを何に使うのか聞いた。自殺をするのではないかと心配したのだった。そして心配しながらも、姉にナイフを渡した。

次の日、家族が家を出たあと、聖母マリアが再び現れた。彼女は、

「娘よ、お皿を持って来なさい。痛みは感じません。かがんで、洋服を脱ぐのです」娘は言われた通りにした。マリアはナイフで癌を取り出すと、皿に乗せた。それは血がたくさんついていた。娘は痛みを感じなかった。マリアは手で傷跡を閉じると、「娘よ、もう大丈夫です。次にどうしたらいいか、後で伝えましょう」

聖母マリアは去り、娘は寝てしまった。両親と弟が家に帰ると、娘の体には傷はなく、皿には血だらけの塊があった。その皿ごと、ニコシアの町の医者に持っていき、それを見せた。

「これが見えますか。見てください」医者は彼らに言った。

「アテシュリス氏（ダスカロス）に持って行きなさい。彼なら説明できるかもしれない。このようなことには詳しいから」

こうして彼らは私の所に来て、その話をして、皿のものを見せた。私は言った。「これは聖母マリアの働きです。ここにアイコンがあります。さあ、ここに来て、お礼を言いましょう。一緒に祈りましょう」祈りが終わると、

「どなただったかわかっただけでも十分でした」と彼らは言って帰っていった。

後に、神父がこの話を聞くとこう言ったそうだ。

「聖母マリアが異教徒であるイスラム教徒の面倒をみるというのか。アテシュリスが、その癒しを聖母マリアがしたと言ったのか。何という男だ。聖母マリアがイスラム教徒を癒すなどと。何ということだ」と。

一週間後、家族の全員が訪ねて来て言った。

「私たちはキリスト教徒になりたいと思います。大主教マカリオスはあなたの友達ですね。どうぞ彼に頼んでください」

私は

「なぜキリスト教徒になりたいのだね。イスラム教徒であるあなたたちも聖母マリアとキリストに愛されているのに」

彼らは、

「いいえ、私たちはインスピレーションを受けたのです。そして、聖母マリア様は娘と話して、洗礼を受けるときのキリスト教の名前まで教えてくれています」その名前とはアナスタシアで、その意味は「復活」だった。私は彼らにカテキズム（教義）を与え、家族全員の洗礼を行った。今、彼らはイギリスで暮らしている。

なぜキリスト教徒にならなくてはいけないか私は不思議に思っていた。彼らはとても良いイスラム教徒たちだったのだ。その後、私は彼らの運命がわかった。ロンドンでアナスタシアはロンドンのギリシャ人と結婚することになった。それが彼らのカルマと運命だったのだ。息子はキリスト教徒の英国の女性と結婚した。そして父親と母親は新しい家族と共にとても幸せになった。すべてが計画されていたのだ。

これで、「なぜ彼らがキリスト教徒になったかわかったぞ」と私は思った。

こう言おう。「すべてはもう決まっているのだ。そして、私たちは「彼」に奉仕して、送られるべき所に送られればいいのだ。私はこのような現象を何回も見てきている」と。

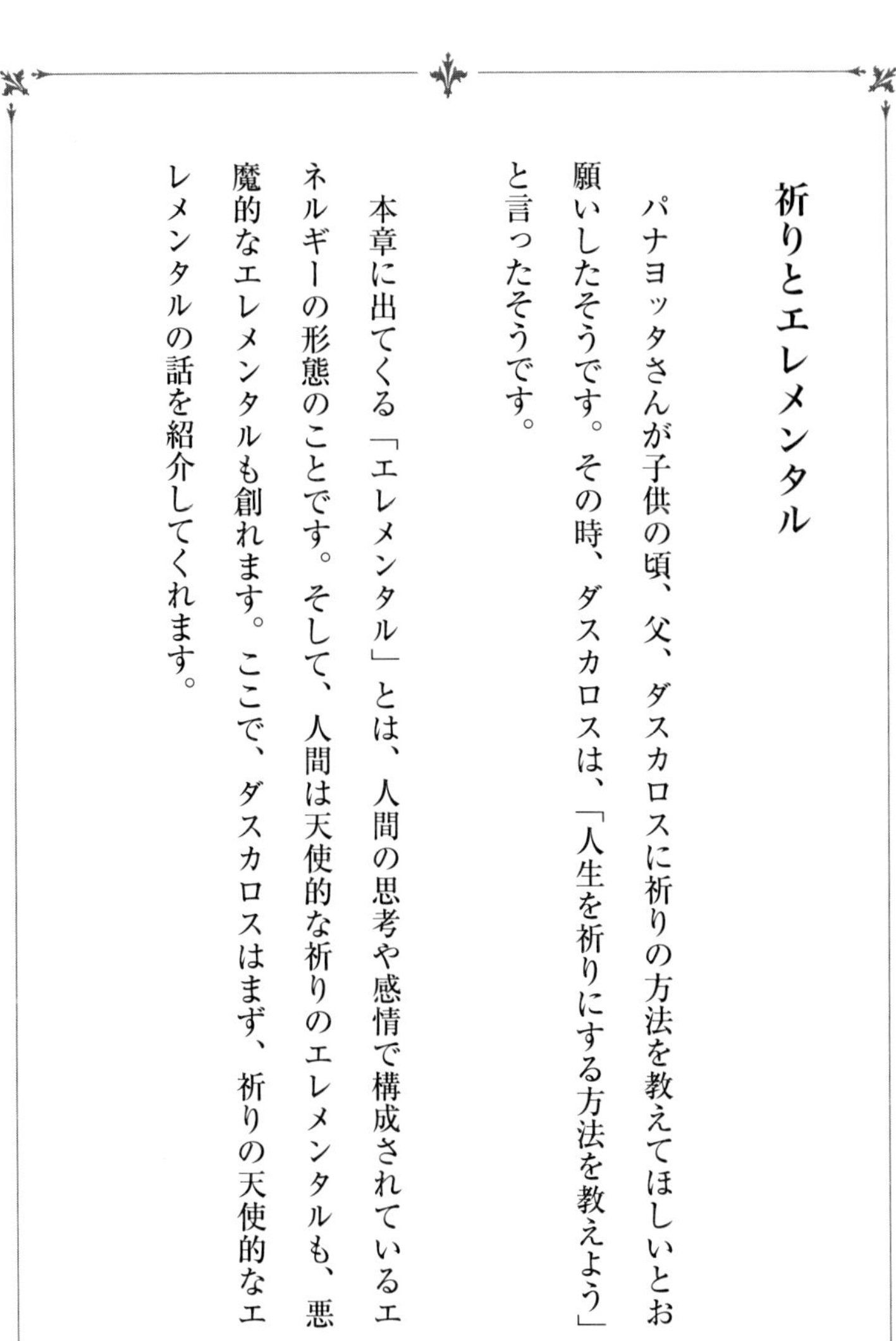

祈りとエレメンタル

パナヨッタさんが子供の頃、父、ダスカロスに祈りの方法を教えてほしいとお願いしたそうです。その時、ダスカロスは、「人生を祈りにする方法を教えよう」と言ったそうです。

本章に出てくる「エレメンタル」とは、人間の思考や感情で構成されているエネルギーの形態のことです。そして、人間は天使的な祈りのエレメンタルも、悪魔的なエレメンタルも創れます。ここで、ダスカロスはまず、祈りの天使的なエレメンタルの話を紹介してくれます。

祈りについて

質問（以下Q）：ダスカレ、

祈りとは何なのでしょうか？

そして、祈りとはどのように働くのでしょうか？

ダスカロス（以降D）：

すべての想念、感情そして言葉は（言葉は想念と感情を表すので）「エレメンタル」を創造すると私たちは言ってきた。私たちに見えても見えなくても、この「エレメンタル」には形（フォーム）がある。この形にはそれ自体の命がある。すべてのエレメンタルは生きている。それは生きた形であり、それを投影した人間、その創造主の知性を持っているのである。

祈りとは何だろうか。すべての祈りはその創造主の想念、感情、願望を表現している。

誰に向かって人は祈るのだろうか。キリスト教徒はキリストに、カトリックやギリシャ正教、そして東方正教は聖母にも祈る。プロテスタントはそのようなことはない。イスラム教徒はアラー、または非パーソナルな神または預言者に祈る。ヒンズー教徒は神々やクリシュナや他の存在たちに祈る。

さて祈りとは何だろうか。どの祈りでもエレメンタルが創られる。大体その形は祈りが向けられた相手である神の姿や人物像であったりする。人物の場合は、聖人やキリストなど、肖像画を通して想像された形をとったりもする。そしてそのエレメンタルはそれ自身の知性や質がある。

このような祈りがどう働くかみてみよう。キリストとは誰か、聖母マリア、クリシュナや聖人たちとは誰だろうか。

肉体の死は、その肉体で生きていた人格の死を意味しないことを私たちは知っている。そして、亡くなったとき、亡くなった人たちが自分のエレメンタルの総合体を向こう側に持っていくことも知っている。肉体に生きているときに彼らはすでにこれらのエレメンタルを持っていた。これらのエレメンタルによって、彼らは自分の地獄や天国を創ることになる。亡くなった人々が向こうに持っていくのは、すでに生きているうちに暮らしていたその天国や地獄以外のものではない。そして、私たちのこの地球に暮らす現在の人格は、これらのエレメンタルの総合体だ。

そういうことから、祈りは特定の種類のエレメンタルである。私たちが祈る際には、祈りを向けている相手、神や聖人のイメージを描く必要がある。エレメンタルを創造すると、彼らは出て行き、それを送り出した主の所に戻ると私たちは言った。新約聖書の中には、キリストがそのことについて話している箇所を見つけることができる。

これらのエレメンタルたちはどの方向に向けられているのだろうか。イエス・キリストに祈るときはイエス・キリストに向けられている。聖母マリアに祈るときは、聖母マリアに向けられている。聖人に祈れば、聖人に向けられている。しかし、聖母マリアはどこにいるのだろう。そして聖人たちはどこにいるのだろうか。彼らは今でも存在しているのだろうか。

もちろん彼らは存在している。なぜなら、先ほども述べたように、亡くなって肉体を脱ぎ去っても、その聖人となった人の人格は消滅することがないからだ。

私たちが霊的に向上するとき、私たちの意識を「自己・意識」から「自己・スーパー意識」に成長させることができる。そしてすべての聖人たちは自分の人格を「スーパー・意識」に成長させている。

さて、聖母マリアはどこにいるのだろうか。そして、現在、聖母マリアとは何なのだろう。二千年ほど前に生きていたとても美しい無垢な女性なのだろうか。そして、イエス・キリストとは。二千年前に生き、エルサレムとパレスチナの道を歩いていたただの青年なのだろうか。

もちろん、彼はそれでもあった。しかし、あなたに理解できる例を挙げてみよう。もしも開いている窓から太陽の光線が降り注いでいるとすると、太陽から窓までの光はスピリット・エゴであり、神の絶対・自己・意識である。床は物質次元を象徴するとして、窓から床までの光線はキリストのグループ・魂である。今、私は「キリスト界」（Christdom）について話している。

人間にとってキリストとは何であろうか。絶対存在にとって、キリストは絶対存在が具現化されている存在、つまりロゴスである。しかし、私たち人間にとってはどうであろう。ロゴスだ！聖書にこう書かれている。

「キリストはこの世界に生まれてくるすべての人間に啓発を与えてくれる光であ

る」

私たち人間に自己・意識を与えてくれるのだ。

そして、まだ33歳にもならないキリスト、イエスは何と言ったのだろう。

「山や地やすべてが存在する以前に私はある」

それは今、現在のことである！彼は、過去形で「私はあった」（I was）と言わなかった。「私はある」（I AM）と言ったのだ。

人間の姿をとることを光栄とし、自分を人間の子と呼び、肉体に生きる33歳の男性はなぜそのようなことを言ったのだろうか。

太陽光線が部屋の床を照らしているとしよう。

もし床に黒い石を敷いていたら、壁にはあまり反射しないだろう。

赤い大理石を敷いたら、向こう側の壁に赤い光が反射するだろう。

大理石が緑がかった色だったら、壁に緑がかった光が反射するだろう。もし白い大理石を敷いたら、向こう側の壁にもっと明るい光が反射するだろう。もし澄み切った鏡を置いたら、向こうの壁に光が反射するだろう。その澄み切った鏡ならば、太陽から窓（ロゴス）に降りてくる光、そして窓から鏡へ、そして鏡から壁へは一つの光となるだろう。

若い青年キリストは、「私と父とは一つである」（ヨハネによる福音書10：30 共同訳）という絶対的な権利を持っていた。

何によってだろうか。私たちが一体化（アトワンメント）と呼ぶものによってであり、それは「自己・スーパー・意識」を超えたものである。したがって、私たちにとってこの世界に来るすべての人間に光明を与えてくれるキリストは、私たちの周りに、そして私たちの中に、すべての所にいるのである。

では、聖母マリアはどうなのだろうか。もし澄み切った鏡に女性性が物質次元の壁に反射して映るとしたら、太陽の光は聖母マリアとなる。「ミリアム」(訳注：人間)が生まれて亡くなるまでの聖母マリアは何だったのだろうか。

聖母マリアは凡普遍的な女性的創造性(pan-universal femininity creativeness)と呼ぶべきものである。これは資質である。それは過去からずっと創造の原因となっていて、現在もそうである。

聖母マリアと私たちが呼ぶ存在に私たちはアプローチできる。どうやってだろう。聖母マリアを信じる女性が幼いキリストを胸に抱く聖なる母を想像し、母親としての気持ちを持って凡普遍的な女性的創造性である聖母マリアに祈るとする。女性がどの宗派や教義に属していても構わない。この女性は聖母マリアを招き寄せることで凡普遍的な女性的創造性から助けを得ることができるのだろうか。もちろん得られるだろう。

パールヴァティー（ヒンズーの女神）に祈るヒンズー教徒の女性は凡普遍的な女性的創造性に繋がることは可能であろうか。可能なのだ。そして、キリスト以前の時代のアッシリア、バビロニアやフェニキアで女性は子供を産む時に誰に祈ったのだろう。アッシュタルテに祈ったのだ。このようにして女性は凡普遍的な女性的創造性に繋がることが可能だったのだ。

美しいビーナス（アフロディーテ）に祈るギリシャ人は、その女性性と接触することになった。エレメンタルにどのようなイメージを与えても関係はない。何が重要かといえばエレメンタルの質なのだ。なぜならエレメンタルは形と力、そしてある種の知性を持っているからだ。前に言ったように、すべてのエレメンタルにはその創り主の知性が伴う。したがって、すべてのエレメンタルは力を持っている。

では祈りに戻ろう。

人々は何のために祈るのだろうか。お金を手に入れるためにだろうか。キリストも、私たちに毎日の糧のために祈るようにと教えている。私たちの毎日の糧は、そのために祈ることによって天の父から与えられていることに私たちは気づく。

では、人々は祈る時に何を求めるのだろう。自分たちの感情、願望、考え方や生き方によっては、宝石、お金、洋服、土地などの物質を求めたりする。このようにしてエレメンタルが創られるが、エレメンタルの質は祈りの質、そしてその欲望を満たすための努力に沿ったものとなる。祈りは誰に向けられているのだろうか。

一つの例を挙げよう。世界中のどの国でも知られている慈善家がいて、誰でも彼に何かを頼めるとしよう。人々は彼の住所を知っていて、自分の国の言葉で手紙を送れる。この偉大な慈善家は世界中のすべての言葉がわかり、毎日世界中から何千もの手紙が届いている。それぞれの手紙の質はみな同じであろうか。その手紙の質は、それぞれが頼んでいる内容に沿ったものになる。

さて、その慈善家は何を与えるべきなのだろうか。人々が頼んでいるものを与えるべきだ。私たちが祈りと呼ぶものにはあらゆる種類のエレメンタルがあり、みな押しなべて同じ質と純度があるわけではないのだ。

そして「スーパー・知性」（の存在）が判断していることは確かだ。少年が父親にカミソリを求めても父親は渡さない。代わりにもっと良いものをねだるように諭すだろう。無限の「スーパー・知性」がやっていることも同じである。

すべての祈りが同じ種類のものではないが、すべての祈りはエレメンタルであり、それは私たちのハートから、そしてマインドから生まれて来ているといえる。それは感情や想念で構成され、特定の源に向けられている。

最後のギリシャの戦争では、ギリシャ人はブルガリア人と戦った。ギリシャ正教とブルガリア正教の戦いであった。ギリシャ人は、聖母マリアが将官の軍服を着ているのを目撃したと言い張り、勝利のために聖母マリアに祈っていた。

ブルガリア正教も同じように（勝利のための）祈りを行っていた。そしてあなたがブルガリアの資料を読むことがあればわかるはずだが、ギリシャに攻撃していた大勢のブルガリア兵が聖母マリアを目撃している。

これらの男たちは、エレメンタルたちが、聖母マリアとして戦っているのを見たのであろうか。そう、両側で。

ギリシャ神話、ホメロスの叙事詩イリアスを読むと、神々はそれぞれの肩を持っていたことがわかる。では彼らは何を見ていたのだろうか。それはエレメンタルたちだ！

祈りはエレメンタルなのだ。それが光であるか、汚れがないか、美しいか、または愚かであるかは（私はそれが汚れているとは言わない）、自分たちのハートやマインドにあるものの資質に沿ったものとなる。

これらのエレメンタルには独自の力がある。そして、グループ・エレメンタルがある。エレメンタルたちが同じ資質を持ち、同じ神に向けられていると、それはグループとなる。その後、例えばこれらは神、または聖人の「スーパー・意識」に付着したりする。

その他に祈りに見られるものは何だろうか。

正教会やカトリックは聖母マリアに祈る。正教会は、聖ルカがキコスの修道院に滞在したときに描いたとされる聖母マリアのアイコンに向かって祈る。もう一枚の聖母マリアの絵はギリシャのチノス島にある。聖ルカは4枚ほどこのような絵を描いている。カトリックにはルルドのマドンナがある。これらの場所で奇跡が起きたとみなが言う。本当だろうか。本当なのだ。

これらのアイコンやルルドの聖母の像は何なのだろう。エレメンタルが何であるか、そして、タリズマン（お守り）が何であるかを知っている私たちは、これらの物がエネルギーで満たされていることを知っている。祈りを行う人の振動がその物を通して放射されていて、それを身に付けている人に向かうのだ。

「偶像崇拝者ではないので、木製のアイコンや銅像などに祈りたくない」と言う人もたくさんいる。

聖母マリアや聖人は「スーパー・意識」としてどこにでもいる。もし人々が祈ると、彼らは助けてくれるのだろうか。間違いなく助けてくれる。なぜなら聖人や聖母マリアの「スーパー・意識」または「グループ・スーパー・意識」は遍在しているし、自分たちの中にもいる。私たちはこの空気の中にいるのだ。

では何が本当に必要なのだろうか。

私たちはエネルギーの源と繋がるために信じなくてはいけない。もし信じないと、私たちはエネルギーの源と繋がることができない。そのため、エレメンタルは私たちが信仰（信じるこころ）といわれるもので満たされていなくてはいけない。キリストはこう言ったのではないだろうか。

「あなたの信仰があなたを救った」（ルカによる福音書7：50など）と。

プレゼンス（存在）

あなた方の何人かが、相手を特定できないが、何らかの存在が感じられると言っている。確かにそこには存在がある！

その存在をどの名前で呼ぶかは重要ではない。それが聖母マリア、聖霊、またはキリストであっても構わない。どのような名前で呼んでも、それらの偉大な「スーパー・存在」は同じ愛と命の本質を表現しているのだ。好きな名前を使ってもいい。彼らはあなたの近くに、周りに、そして中にいて、あなたを助ける準備ができている。

しかし、彼らは、あなたが他者から奉仕してもらうのを期待せず、あなた自身が奉仕する運命を持っているとわかるまでは助けてくれない。ダスカロスであろうと、スワミであろうと、師やマスター、そのような名前で呼ばれる存在の中で、他者が自分に奉仕することを期待している人は一人も見たことがない。

聖母マリアへの祈りのエレメンタル

信心深い人で、聖母マリアなどについて信仰を持っている人は、特定の振動の波を送り出している。天の女王と呼ばれる永遠の存在に向かうこのような（祈りの）エレメンタルたちは帰って来て、みな祝福を受け取ることになる。この振動の祝福を受けるのは誰だろうか。それはキリスト教徒、仏教徒、イスラム教徒など、すべての人たちである。

この特定の振動によって、人々は聖母マリアのことを考えることになる。たとえ顕在意識でわからなくても、彼女が誰であるか知らなくても、聖母マリアについて何か感じることになる。それは振動がそのような事を起こすからである。

第2章

聖母マリアについて

聖母マリアについて

『Joshua Immanuel The Christ　His Life on Earth and his Teaching』＊という本があり、作者はスティリアノス・アテシュリス、私たちの師であるダスカロスです。その内容は、聖書に書かれている内容と、聖書に書かれていないキリストの物語が含まれています。

ダスカロスの前世の一つは聖書時代に生きたエッセネ派の少年で、物語の中ではヤスナイという名前で登場しています。彼は当時、キリスト、ジョシュアのとても若いお弟子さんでした。12の使徒と共に弟子として彼は色々と学び、学んだ多くを二千年後の世代に伝えることになったのです。

その本の中から、聖母マリアについて知っていただきたい内容をパナヨッタさんが選んでくれました。まず、その歴史的な部分を新約聖書からの引用とともに紹介いたします。

＊英文タイトルは長いので、以降、『キリストの教え』とします。この原書からの引用は鈴木眞佐子が和訳しましたが、すでに日本語による訳書『ジョシュア・イマヌエル　キリスト（地上での生涯とその教え）』（スティリアノス・アテシュリス著・須々木光誦訳）が２０１７年にエドコムから出版されています。

『キリストの教え』からの引用

（原書第2章20頁）

そうして、ハンナは神聖受胎（無原罪懐胎）によりマリアを産んだ。マリアが3才のとき、ハンナはエッセネ派の儀式に従って子供の頭を白い布で覆い、白い服を着せた。そして、エッセネ派の寺院に連れて行き、叔父の大祭司シメオンの加護のもとに託したのだった。「天の白い鳩」として神に捧げられた者として、寺院の敷地で祈りと、病人と年寄りの世話をすることがマリアの務めであった。

マリアが13才のとき、彼女の叔父は、彼女をエッセネ派の大工、ヨセフという名のやもめに託し、エッセネ派の儀式に則(のっと)って白い結婚（ホワイト・マリッジ）の式を執り行った。

「白い結婚」のしきたりに基づいて、ヨセフの義務はマリアを自分の娘の一人として考え、守ることであった。マリアは神に身を捧げ、処女でいる運命を持っていた。ヨセフは、「天の白い鳩マリア」に祭壇と祈りの場を用意するために大きな明るい部屋を提供した。マリアはタマルとエステルと共にヨセフとヤコブの世話をした。

（原書第３章21頁）

その二年後にマリアは15才になったが、マリアが祈りを捧げているところに大天使ガブリエルが訪れた。

天使は、彼女のところに来て言った。「お喜びください。高き栄光を授けられ、恵まれた方。主があなたとともにおられる。あなたは女性たちの中でも祝福されたお方」しかしマリアは彼を見たとき、この言葉に戸惑い、いったいこのあいさつは何のことかと考え込んだ。すると、天使は言った。「マリア、恐れることはない。見よ、あなたは神から恵みをいただいた。あなたは身ごもって男の子を生むが、その子をジョシュアと名付けなさい。その子は偉大な人になり、いと高き方の子と言われる。神である主は、彼に父ダビデの王座をくださる。そして、彼は永遠にヤコブの家を治め、その支配は終わることがない」

マリアは天使に言った。「どうして、そのようなことがありえましょうか。私は男の人を知りませんのに」

天使は答えた。「聖霊があなたに降り、いと高き方の力があなたを包む。だから、生まれる子は聖なる者、神の子と呼ばれる。あなたの親類のエリサベトも、年をとっているが、男の子を身ごもっている。不妊の女と言われていたのに、もう六ヶ月になっている。神にできないことは何一つない。マリアは言った。「わたしは主にお仕えする者*です。お言葉どおり、この身に成りますように」そこで天使は去って行った。＊*maidservant*

（ルカによる福音書1：24－38）

訳注：引用している聖書は欽定訳聖書にダスカロスが手を加えたもの。

（原書第3章22頁）

ヨセフとマリアは皇帝アウグストゥスの勅令に従って住民登録をするためにベツレヘムに向かった。町の近くにナサニエルという男が二頭の牛と羊の群れを飼っている大きな洞穴があった。

洞穴の隅にある空の飼葉桶のそばにヨセフは羊毛の布を敷き、マリアが休める場所を用意した。ヨセフは二つの空の桶を見つけると、それを持って新鮮な井戸水を汲むために外に出て行った。桶を水でいっぱいにして戻ってみると、マリアが赤子の息子を腕に抱いて座っているのを見た。マリアは人手を借りずに、痛みもなく、布も汚さずにメシアを産んだのであった。「天の白い鳩」であるマリアは、頭にかぶっていた布をとり、神の子を包んでいた。ジョシュアの体は洗う必要がなかった。マリアは清潔な白い布を何枚か敷いた空の飼葉桶に息子を寝かせた。ヨセフは神の子がこんな洞穴で生まれ、飼葉桶に寝ているということが理解できず、大変混乱していた。

（原書4章25頁）

大祭司シメオンの指示に従い、ラビ・エフライムはエッセネ派の良き友で、キャラバンの隊長であるベドウィン人のアブドゥラと相談して、聖なる家族を安全なエジプトまで護衛してくれるように手はずを整えた。

（原書4章26頁）

ある日、エッセネ派のコミュニティであるアヌー（ヘリオポリス）の大祭司ナサニエルがヨセフとマリアに、彼と一緒にヘリオポリスに行き、そこで暮らすことを提案した。「天の白い鳩」であるマリアに、彼はエッセネ派の寺院の敷地内にある老人たちと病人たちの住むホームや、寺院とエッセネ派のシナゴーグの管理をしてもらいたいと申し出た。マリアは喜んでこれらの仕事を引き受けた。こうしてヨセフ、マリア、九ヶ月になったジョシュアはナサニエルと共にヘリオポリスに旅立った。

（原書4章27頁）

２才の頃、庭に一人でいたジョシュア・イマヌエルは、鳥たちを自分の所に呼んで手に乗せると、やさしくなでるのであった。川に泳ぐ野生のアヒルたち、カメ、山猫やジャッカルまで、神・子と遊ぶために庭に入って来た。大きな山猫などが子猫のようにジョシュアと遊ぶのだった。幼いジョシュアは90～１２０センチほどの毒蛇も両手に持ち、それらにほおを寄せたりして、誰にもこれらの生き物に害を加えることを許さなかった。一度、若いラビがジョシュアが大きな蛇と一緒にいるのを見つけて勘違いし、静かに彼らに近づくと、蛇をたたきのめしてその頭蓋骨を砕いてしまった。ジョシュアはやさしい笑顔で、ラビが蛇をもう一度たたこうとするのを制すると、蛇の頭をなでて元の姿に戻し、そして逃がしてやったのだ。ラビは夢でも見ているのではないかと目を疑った。

マリアは自分の小さな息子に害を与えるものは何もないということを知っていたので、野生の動物と庭にいても心配をすることはなかった。

ある安息日の昼頃、大祭司はランプの芯を確認するために至聖所に入ると、大理石の大きな石版二枚が祭壇の左側に移動され、大きな青銅のランプも後ろに動かされていて、今までなかったような明るい光を放っているのを見てびっくりした。三段目の階段には子供のサンダルが置かれ、祭壇の上には2歳になるジョシュア・イマヌエルが寝ていた。

どうやって2歳の子供が祭壇を上り、重い石板を動かし、祭壇の布の上に油をこぼさずにランプを動かすことができるのだろうとナサニエルは不思議に思った。畏敬の念に打たれ、彼はマリアを探しに行き、彼女を連れて最も聖なる部屋に戻った。するとジョシュアは階段に座り、サンダルをはこうとしているところだった。マリアは何も言わず、彼女の小さな神・息子を抱きしめると、最も聖なる部屋から全員を連れて出た。

六ヶ月の間、月初めの安息日に同じことが起こり、六回ともナサニエルは何が起きたか理解できず、石板とランプをテーブルの真ん中に置き直した。七ヶ月目の安息日に、マリアはナサニエルに昼になるまで寺院の扉に鍵をかけておくように頼んだ。ナサニエルが鍵をかけ、それを持って帰るとき、ジョシュアは庭で遊んでいた。壁の開口部は地面から2・4メートルも離れていたので、寺院に入れる方法は他になかった。

昼になって大祭司が鍵を開けて、最も聖なる部屋に入ると、またもや石板が動かされていて、ジョシュアが祭壇に座っていた。幼いジョシュアから放射される神々しい光でラビの目はくらんだ。そして幼子は言った、「十戒はモーゼを通してイスラエルの民にもたらされた禁止令です。エッセネの人々には、神が彼の子供たちに与えたやさしい心得があります」

「神を愛しなさい。あなたの内の神を愛しなさい。そして、他の人々の内にある神を愛しなさい」

するとシメオンの言葉がナサニエルの心に響いた。「愛する兄弟よ、喜んでください。私の喜びを共に分ち合ってください。私は、神の子、そして天の白い鳩であるマリアの息子、メシアをここにお見せします」こうして、ようやくナサニエルは聖霊、そしてロゴスの純粋の光である神・子ジョシュア・イマニュエルが彼に何を伝えているのかを理解した。彼は祭壇にいる神・子ジョシュアの前にひざまずき、こう言った。

「ベニ・アラハ、聖なる子よ。十戒の石板はあなたが望む通りに祭壇の左に残します。主よ、祭壇はあなたのものです。ここにあるすべてはあなたのものです。自然のすべてがあなたの配下にあります。あなたは病を持つ者を健康に戻します。あなたを2才の子供としか見えなかった、心の狭い私をお許しください。私たちにご慈悲をお与えください」そう言うと、大祭司は子供の裸足(はだし)の両足を両方の手にとり、口づけをした。

ジョシュアはひざまずいているナサニエルを抱きしめ、口づけをするために祭壇を降りた。大祭司は神・子を抱きしめると、両手に口づけをして、サンダルをはくのを手伝った。寺院に入って来たマリアはナサニエルとジョシュアが最も聖なる部屋にいるのを見、すべてを理解した。これはマリアが大祭司に与えた心優しいレッスンであった。ナサニエルは、神、そして神の子である息子に献身する「天の白い鳩」、マリアのローブに口づけをした。

（原書7章40頁）

ヨセフはエッセネ派のしきたりにより三晩続く宴会のためにぶどう酒を用意した。しかし、二晩目になると、あまりに大勢の客人や不意の客人が来たために、もうぶどう酒が足りなくなるのは痛いほど明らかだった。そしてカナのどこにも、もうぶどう酒はなかった。マリアはヨセフが困っているのを見て慰めようとした。

マリアはジョシュアのところに行き、「ジョシュア、結婚式の客人にもてなすぶどう酒が足りなくなり、ヨセフがとてもみじめな思いをしています」

「母上」とジョシュアは言った。「私とどんな関わりがあるのです。私の時はまだ来ていません」（ヨハネによる福音書２：４共同訳）

マリアは微笑んで言った。

「私の親愛なるお方、主よ。あなたの時はまだ来ていないと言われるのですか。私は私の息子にお願いしているのではありません。私がお願いしているのは神の子、「ベニ・アラハ」であるあなたです。私がお願いしているのはエル・シャダイ（ロゴス）です。神の子の時とは、すべての時です」

ジョシュアはマリアを抱きしめて口づけをすると、外に出て行った。

家の入り口には六つの１３６リットル入りの石の水がめが置かれていて、客人たちは座って食べる前に足や手をその水ガメの水で洗っていた。ジョシュアは召し使いたちに水がめに新しいきれいな水を入れるように伝えた。

訳注：これは有名なエピソードで、このあと何が起きたかは、ヨハネによる福音書２：

１‐11を参照ください。

（原書９章47頁）

旅人たちがナザレからカペナウムに到着した翌日の午後、大祭司サムエルはヨセフ、マリア、そしてジョシュアを歓迎するために訪ねて来た。彼らがそこに住むと決めたことを大変喜び、彼は、「天の白い鳩」であるマリアに、エッセネ派の病人と老人たちのためのホームの運営をしてもらえないかと申し出た。

次の日の昼頃までに家族は新しい家に落ち着き、マリアは隣の慈善施設のホームに出向いて病人たちや年寄りたちに会い、さっそく仕事を始めていた。すべての人にマリアはやさしい愛を差し伸べて面倒をみた。

（原書16章89頁）

ペトロスはヨハナンを疑うように見つめ、ぶつぶつとつぶやき続けた。ペトロスにとって、ヨハナンは若く、どちらかと言うとデリケートな若者に見えた。

ヤコブの兄弟であり、ジョシュアとの従兄弟であるヨハナンが、ヨハナンの叔母でありジョシュアの母であるマリアと同じように、プリンシパリティー（権天使）の階級の大天使であることをペトロスは知らなかった。どちらもが、神聖受胎によって人間として生まれ、ある日肉体を去るときには、その身体を非物質化することになるのだった。その事は、キリスト教の兄弟、姉妹たちが、彼らの遺体を埋葬するために、香り高いオイルで塗っているときに、ヨハナンにギリシャの島、パトモスで、そしてマリアにはトルコのエフェソスで起きるのだった。

訳注：パタヨッタさんはセミナーで次の文をここに付け加えている。これは『キリストの教え』には記されていない。「ジョシュア、マリアと使徒ヨハネは神聖受胎によって誕生した。そして、マリアと使徒ヨハネは肉体を残さずに昇天した。ジョシュアは肉体を墓地に残した。そして人類への使命を証明するために3日後にその

肉体を復活させた。」

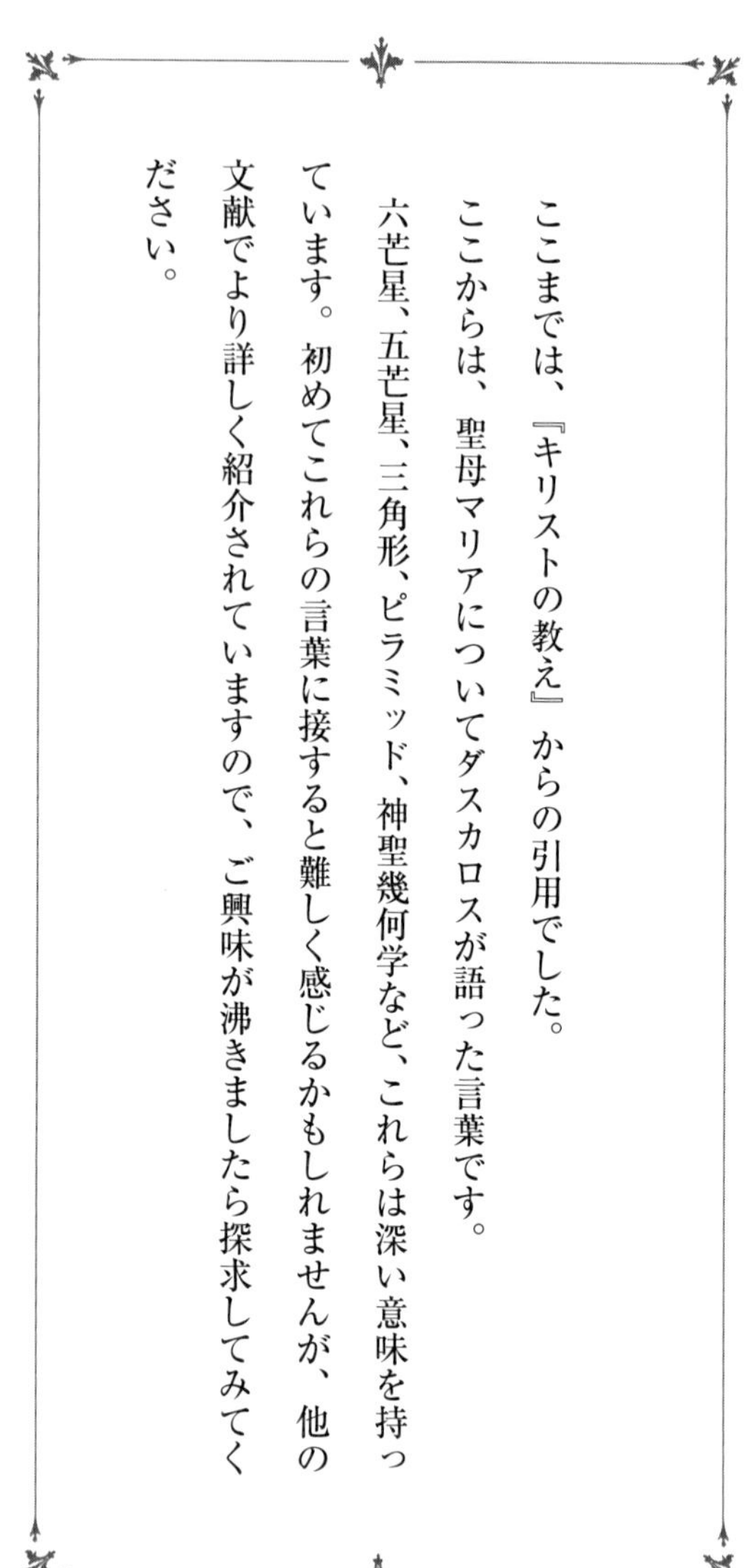

ここまでは、『キリストの教え』からの引用でした。

ここからは、聖母マリアについてダスカロスが語った言葉です。

六芒星、五芒星、三角形、ピラミッド、神聖幾何学など、これらは深い意味を持っています。初めてこれらの言葉に接すると難しく感じるかもしれませんが、他の文献でより詳しく紹介されていますので、ご興味が沸きましたら探求してみてください。

聖母マリア、百合と六芒星

大天使ガブリエルはどのようにして、キリスト・ロゴスの処女懐胎を聖母マリアに伝えたのであろうか。ガブリエルは手に何を持っていたのだろう。何を差し出したのだろうか。それは百合であり、六芒星であった。

命のエネルギーは、あるセンターから同時に６つの放射として伸びていく。それが、私たち真理の探求者たちのシンボルであり、絶対存在との一体化（セオーシズ）に導く六芒星を与えてくれる。

大天使ガブリエルが百合を聖母マリアに差し出したのは、聖書が想像によって作り上げた話ではない。「聖母マリアの百合」(Lily of Virgin Mary)と私たちは呼ぶが、

6枚の花びらの百合は象徴であって、そこに真理が隠されている。

「天体と大天使たちから」

六芒星は大天使ガブリエルが聖母マリアに渡した百合を象徴する。

権天使（オーソリティーズ）と呼ばれる大天使団だけが、自己・認識を持っている。聖母マリアと使徒ヨハナン（ヨハネ）はそこから地上に降りて人間となった。彼らは凡宇宙的キリスト・ロゴスが地上に生まれる時に付き添って来たのである。

ハートセンターはキリスト・ロゴスに対応している。しかし、ハートを象徴する惑星はどれなのか。ハートは美しい金星に属している。ハートセンターにはキリストと共に、天の最も偉大な聖母マリアも見つけることができる。

ごあいさつ

「まなひくらぶ」とは、出版社きれい・ねっとがプロデュースする、愛と真理に満ちた「言葉」でつながり、新しい時代を幸せに生きるためのコミュニティです。自らの人生の「変容」のスイッチをオンにして、「みんなで幸せに生きたい」「スピリチュアルな学びを深めたい」そんな想いをお持ちのあなたと、ぜひ楽しくご一緒できましたら幸いです!

きれい・ねっと代表　山内尚子

私たちもまなひくらぶのメンバーです

獣医師
森井啓二

破壊と創造の時代、明るい未来を先駆けて美しく生きる人たちと繋がっていきましょう。

画家・作家/雅楽歌人
はせくらみゆき

「まことなるなごやかなるはひかりあれ」まなひくらぶでミタマを磨いて、共に喜びの中で歩んでいきましょう。

作家・講演家
赤塚高仁

あなたの内面から始まる変容が世界を変えます。人生という冒険の旅をともに楽しみましょう。

「まなひくらぶ」の詳細・お申込みはこちらから

「まなひくらぶ」で検索
または右記のコードをスキャン

まなひくらぶ　検索

https://community.camp-fire.jp/projects/view/550491

ManahiClub

天の色、ガブリエルと聖母マリア

天の色というものがある。３つの基本の色があるが、それはどれだろう。ロゴスの黄色、大天使ミカエルの赤、そして、大天使ガブリエルの青がある。

黄色と青を混ぜると自然界の色、**緑**ができる。どうやって大天使たちが緑を創るのだろう。**ロゴス**と**ガブリエル**を通してである。

大天使ガブリエルは創造の世界において何を象徴するのだろう。創造の世界では二つの特質があり、それは**男性性**と**女性性**である。男性性はロゴスによって、女性性はガブリエルによって象徴される。

それ故、大天使ガブリエルは女性のように青いガウンを着ている。彼が**聖母マリア**のところに行くことになった理由は、彼が女性性に関わっているからだ。そして、彼は、六芒星を象徴する６枚の花びらの百合、「マドンナ・リリー」を聖母マリアに渡した。理解してもらえるだろうか。それは象徴なのだ。古い教会の人々はそれを知っていた。だから、大天使ガブリエルが六芒星、マドンナ・リリー、を聖母に持っていったといわれているのだ。ここにガブリエルと聖母マリアによって表現された**聖なる女性性**がある。

女性性は本質的に純潔であり処女でありながら、女性性はすべてを生み出す。それが女性性と純潔さ及び処女（virginity）の持つ意味である。

ここにはエソテリックな意味合いがある。物質は未開拓な処女地（virgin）でありながら、その純潔さ（virginity）を失わずにすべてを生み出すということである。

聖母マリアと女性性

マリアが誕生する前に、神の母は私たちの意識の中に存在したのだろうか。

マリアは本物の母を象徴したが、キリストを産んだ聖母マリアが誕生する前に自然界の母が存在していた。私たちにとって、それは絶対的な女性性、創造性であり、それは過去にあり、現在もあり、未来にもあるものなのだ。それは絶対無限の存在の側面の一つだ。凡普遍的な女性性は聖母マリアに最も大きく反映されていた。

聖母マリアは女性の姿（完璧な女性）であったが、パレスチナという空間・場所のある時に置かれた命の現象であった。彼女は亡くなり（と私たちは信じている）、そしてその体を非物質化した。聖母マリアの体は、他の女性の資質とは異なるものであったはずだ。絶対無限の存在がキリスト・ジョシュアとして誕生するのには、それが必要だった。キリスト、ジョシュアの体も、他の人間のものとは違っていた。

彼は水の上でさえ歩けたのだ。しかし、これはここで話し合う内容ではない。

Q：多くの人がイエスは亡くなったと思っていますが、イエスは死ななかったという教えもあります。彼が十字架で亡くなった理由は何なのでしょう？

D：イエスは確かに死んではいない。キリストは、死は存在しないと言っていた。彼が死んだというとき、どういう意味で言っているのだね。肉体として死んだということだろうか？彼は肉体を分解した！ヨハナンも聖母マリアも同じだった。エリーシャもだ。彼は火として自分の体を分解した……。

聖母マリアの悲しみ

キリスト・ジョシュア・イマニュエルがエジプトから戻ったとき、彼はまだ12歳だった。エジプトで、彼はヘリオポリスのエッセネ派のコミュニティで、大工として父親を手伝っていた。そこには小学校と高等学院があり、預言者の法律が教えられていた。授業はエッセネ派の言語であるギリシャ語とアラム語で行われていた。

父親が大工として働いている間、ジョシュアは学校に通っていた。家族は寺院と礼拝堂のある敷地に立っている家で暮らしていた。マリアは天の白い鳩の白いローブをまとい、エッセネ派のコミュニティの仕事をやりながら人々と寺院の世話をしていた。彼らはエッセネ派の人々にとても愛されていた。

キリスト、ジョシュア・イマニュエルは預言者の法律を教わるはずであったが、先生たちや大祭司たちが自分たちでも驚いたことに、逆に彼らがジョシュアから天の王国について教わったのである。

あるとき、ジョシュアが6歳か7歳の頃に、彼は至聖所に入った。彼らはジョシュアを探し回り、最後にやっと大司祭が彼を寺院で見つけた。ジョシュアは祭壇に上がる三段の階段に座るのではなく、祭壇の上でぐっすりと眠っていた。彼は手足を伸ばして横になっていたが、祭壇の後ろの窓から太陽の光が差し込み地面に十字架を描いた。祭壇に横になっていたジョシュアの姿は、まるで十字架にかけられているように見えたのだ。聖母マリアがそれを見ると両手で目を覆った。マリアはわかったのだ。そしてシメオンの言った言葉を思い出した。「剣があなたの魂さえも刺し貫くでしょう」(ルカによる福音書2：35 共同訳)

第3章

イエスの弟子ヤスナイとしてのダスカロス

ヤスナイについて

ダスカロスは二千年前の前世で、キリスト教エッセネ派の若い弟子、ヤスナイであったとご紹介しました。

このとき、ヤスナイは十字架に磔になるキリストを追いかけて行きましたが、残忍なローマ兵に鉄のスパイクのついたサンダルで足を踏みにじられて、破傷風になり、その直後に亡くなりました。

ダスカロスは、地上での転生を全部覚えていた唯一の人と言われていますが、このヤスナイとしての生涯で最後に高熱を出して亡くなり、キリストが彼を迎えに来てくれたところで記憶が消えていたそうです。その後にキリストに連れられてどこかに行ったようですが、それがすっかり抜けていたというのです。この話も『キリストの教え』に詳しく書かれています。

ヤスナイはダスカロスの多くの転生の中の一人です。ダスカロスにはヤスナイ以前にたくさんの転生があり、この後にも続きました。このことをきちんと伝えるようにとパナヨッタさんから申しつかりました。実はパナヨッタさんはダスカロスの前世の本を書いていらして、２０２１年の今年出版されるかもしれません。大変楽しみです。

ヤスナイとしてのダスカロス

痛みに満ちた死を体験した少年ヤスナイとしての転生以来ずっと、私はキリスト教の十字架を背負ってきたとあなたに伝えたことがあった。今でもその十字架を背負っている。どのように？16歳の少年の転生において、私は大恥をかき、それが私の最も高次なイニシエーションとなったのだ。

ヤスナイだった頃、私は自分の過去生にアチューンメントをして自分が誰だったかわかっていた。私は自分がサミュエルだったことを感じた。ダニエルだったことも。そして、火の扱い方がわかっていた。多くの物を取り扱うことができた（今でもそれらを扱うことができるが、もう現象は起こさない）。

私は運命によって、神の意志によってキリスト、ジョシュアと共にいることになった。私はキリスト、ジョシュアが誰であるかわかっていた。私はそれを感じることができた。しかし、かいた大恥、そして最も高次なイニシエーションとは何のことだろうか。

それは最後の晩餐のときだった。そして、ダ・ヴィンチとして＊最後の晩餐を描いたとき、それは自分の中にあったのだ。なぜか？足を洗うために重い木のバケツを運んだのは私だったのだ。それは冬だったので、私の母、私の叔母と聖母マリアは温かいお湯を用意していた。私が重い木製のバケツを運んだ。もちろんのこと、私はペトロがまったく好きではなかった。私には短所があった。ペトロの手は汚く、足は臭く、彼はいつも私たちを追い回していた。彼は大天使ヨハナン（使徒ヨハネ）のように優しくなかった。

その頃の私の弱点は、人の好き嫌いが激しかったことだ。ジョシュアがペトロの足を洗っているのを見て、それがとても嫌だった。ジョシュアがもう一度ペトロの足を洗えるように、お湯を変えなくてはいけなかったが、自分の中で何かが反発した。ペトロの足を洗い終えるとジョシュアは私を見て、それからペトロの足を見た。

私はそれが何を意味するのかわかった。彼はこう伝えていたのだ。「私はそこにいる。あなたは彼を嫌ってはいけない。私は**命**である。私はこれらの命ある足の中に（命として）存在し、その足にくちづけをしている」

これは最高次のイニシエーションだった。「あなたは命をありのまま愛さなくてはいけない。なぜなら私が命であるから」この言葉が何を意味しているのか私は理解できた。そして彼は、「私は道、物事の流れ、そして、真理であり命である」と言った。

しかし誰が彼を理解できたのだろう。彼は命あるすべてのものの中に存在する。「すべて命あるもの」とは人間だけではない。そして、彼は、「私を通らなければ、だれも父のもとに行くことができない」（ヨハネによる福音書14：6）と言った。

彼を通して？何を通してだろうか。**自己性**（Selfhood）！である。

自己性を育てないと、私たちは神であり、スピリットである**絶対的な自己性**を理解することができない。そして、ジョシュアは明確にそれを伝えた。彼はこの世界に生まれてくるすべての人間に当たる光である。すべての人がその人特有の**自己性**(Selfhood) を育てることになる。

＊ダスガロスは、レオナルド・ダ・ヴィンチの過去生も持っていた。

第4章

ダスカロスの3つのレッスン

3つのレッスンの紹介

この章では3つのレッスンをご紹介します。レッスン3では、ギリシャの上級者向けのものも許可をいただいて、御紹介しています。

今はわかるところまでで大丈夫です。わからない部分は後にわかるようになりますので、気持ちを楽にして読んでください。

特殊な用語があるので、用語に少しずつ慣れていくのがコツです。好きなところから探求を進めていっていただくのが一番進みやすいかと思います。そしてこのレッスンは、誰から教わってもわかるようなシステムになっていると言われています。

もう一つのコツは、3つの体(ボディ)で読むことです。人間には肉体、サイキカル体(感情体)とノエティカル体(思考体)の3つの体があり、その3つで読むのです。

例えば、肉体の五感を使い、本に触れて、見て読みます。サイキカル体のハートセンターに意識を置いて、そのレベルで受け止めたり、思考体で考えたりするのです。インテリの方は知識として会得するかもしれません。人によってどの体を一番使っているか異なりますが、エクササイズや瞑想などを通して、なるべく３つの体のバランスを取ることを学んでいきます。

そのため、読み方も変わっていくかもしれません。感情的な人は感情の体を主に使って感情レベルでレッスンを読むかもしれませんし、インテリの人は知識として学ぶかもしれません。ハートも知性も使って読めれば深く入れるでしょう。読むときの状態によって読むたびに異なる内容を理解することになるかもしれません。

かつて、ダスカロスは４〜50分間のレッスンをキプロス島、ストロヴォロス町の「ストア」という聖なる場所で行っていました。今でもＣＤやＤＶＤでそのころの講義を見ることが可能です。ギリシャ語のなまりの強い英語で独特ですが、内容を聞き取れなくてもそのエネルギーを感じることができます。

世界中のそれぞれのサークルはそれぞれのやり方で勉強しています。たとえばニューヨークでは、祈りの後、ダスカロスの動画を見てからレッスンに入ったようです。ニューヨークの場合、発足した方々はダスカロスと長年親しくされていたお弟子さんたちでした（現在ニューヨークのサークルは活動をお休みしているそうです）。

サークルはヨーロッパのドイツ語圏が一番多くあり、それぞれの仲間たちが異なった方法で学んでいます。どのサークルも、祈りでスタートするのは共通しています。

レッスンの前に少し用語の解説をします。
私たち人間の意識のレベルの基本的な理解です。

本能：動物的な部分ですが、地上で今もほとんど本能だけで生きている人もいます。

潜在意識：人間のほとんどが眠っているような状態で生活をしています。意識している時間が1日45分もあるかどうか。あとは潜在意識的に自動運転をしているときがほとんどのようです。

意識：この本を読まれている方々は潜在意識＋意識の両方を使っているかと思いますが、それを意識していなかったかもしれません。

スーパー・意識：ピラミッドの瞑想に入り、練習するのはスーパー・意識です。意識を拡大して、大天使たちなどと交流できるレベルになります。

＊この意識の段階は真理の探究者によって「ヤコブの階段」と呼ばれているものでもあります（この段階の前に感性（鉱物界）、感受性（植物王国）があります）。

自己（Self）もしくは自己性（Self-hood）：キリストは二千年前に私たちに「自己」や「自己性」という贈り物を持って来てくれました。そしてそれを認識できるポテンシャルを授けてくれました。放蕩息子は父のところに帰って、神と一体化しても「自己」は残るようになったのです。海の水の一滴が、一滴でいられるのです。

そして「自己」や「自己性」にも色々なレベルがあり、天にある聖なるモナドの一つの光線として（聖なるモナド光線・自己）として地上に降りて来るのですが、そこから地上で名前のある人格として生きることになったときはまた違うレベルの自己・認識があります。

これらのことは徐々に学んでいく内容ですが、このレッスンで多少なりとも紹介されています。通常の私たちの姿である小文字の s の self（自己）から始まり大文字の S の Self を認識できるようになる計画があるのです。そして、スーパー・意識を使って、私たちの兄弟である大天使たちと交流することも可能となるのです。

レッスン1　聖母マリア、キリストと聖人

ギリシャ正教、カトリック、プロテスタントにしろ、キリスト教徒にとって聖母マリアはどういう存在なのだろうか。どのような目で聖母マリアを見たらいいのであろう。「聖母マリアとは何なのだろう」というこの問いに真理の探求者はどう答えるのだろうか。

多くのキリスト教徒は聖母マリアを素朴な女性としてみている。

大学を出た多くのキリスト教徒のインテリはすべてを知っていると思い込んでいるが、大学で彼らは物質についてしか学ぶことがなく、真理に関してはあまり知らない。実際に彼らから聞いた言葉は、「宗教に捕われてはいけない」だけだった。

確かに宗教に捕われ、熱狂的になるのは悪い習慣である。しかし、捕われることと、

真理と現実に関しての知識を持つということはまた別のことだ。ここが重要だ。

聖母マリアについて考え、黙想するとき、聖人に関してもより多くを学ぶことになる。ギリシャ正教の賛美歌で、「汝（神）を讃える者に栄光あり、汝（神）に王冠を載せる者に栄光あり、そして汝（神）を通して行動をする者に栄光あり」という言葉がある。これは真理だ。

栄光とは、聖人と呼ばれる存在たちに授けられるだけではなく、神のために、神を通して行動する人たち、すなわち絶対存在である主のために、そして彼を通して行動する人たちにも授けられる。

聖人は存在するのだろうか。そして、その人が本当に聖人かどうか、どうしたらわかるのだろう。「聖なる」とはどういう意味なのだろうか。

私たちは崇拝せずに、聖人を愛することが可能だ。そうすると、聖母マリアはどうなのだろう。私たちは彼女を崇拝するべきなのだろうか。しかし、自分の母親を崇拝する人はいるだろうか。私たちは彼女を崇拝できない。彼女が私たちを愛してくれるように、彼女を愛するべきだろう。

私たちにとって、聖母マリアとキリスト、ジョシュア・イマニュエルは歴史的な人物にとどまらない。

キリストは、愛について教えながらエルサレムの道を裸足で歩いたただの人物ではない。彼は、過去も現在も汎宇宙的なロゴスである。彼は、「山や丘があった以前に、私は存在する（I AM)。」と言った。それは彼の「本当の自己」（real Self）が30歳の男性の中にあるということを意味している。

聖母マリア！最も純粋な永遠の存在は乙女（おとめ）のままキリストを産んだ。多くの人は、そのようなことは可能ではないと信じている。

キリスト、ジョシュア・イマニュエルは神性受胎（Immaculate Conception）によって生まれている。彼は私たちのように、肉体を持って生まれたのではなく、エーテルの体を持って生まれた。そして、エーテルの体であったので、彼は壁を通り抜けることができ、水の上を歩くこともできた。それ故、ジョシュアが生まれるとき、母親が乙女のままであることも可能だったのではないだろうか。

通常の生まれ方ではいけなかったのかと聞く人もいるかもしれない。それは秩序に関わることだったかもしれない。これに関して、こんなたとえ話はわかりやすいだろうか。

大きな劇場で素晴らしいコンサートが開催されることになり、人々はそれを聴きに来ることになった。大きなホールに入ってきたある男性は、椅子を動かしたり音を立てたりして観客に迷惑をかけた。この男性がなぜそのようなことをするのかというと、彼は音楽のことをあまりわからず、この大きなホールで何が行われているかよく理解できていなかったからだ。

次に音楽の愛好者が来る。彼は何が起きているかわかっていて、会場や音楽について十分に認識している。入るときも、そっとつま先で、ゆっくりと、誰にも迷惑をかけないようにして座る。隣の席にいた人が気が付かないほど静かだった。

さて、この二人の違いはどこにあるのだろう。

キリストはこの世界に来た。私たちもこの世界に来た。彼は目覚めた状態でこの世界に来た。私たちは無知の状態で来た。彼は宇宙が見えていた。彼は物質界とその環境が見えていた。これらのすべてを彼は、彼の父の神殿としてみていた。彼は迷惑な音など立てることはない。彼はすべてが彼のものだと知っていた。全てを彼の父が調和のとれた美しい創造物として創った。創造のすべてがこのようなのではないだろうか。

みなさんは、種が育つ音やいずれ実をつけることになる花が咲く音を聞いたことがあるだろうか。これらの創造物に耳を傾ける人はいるのだろうか。

このようにして汎宇宙的なロゴスが人間となった。ジョシュア・イマニュエルは、絶対存在の最も完全な表現として聖母マリアから誕生した。

では次に聖母マリアについて。

マリアは、力天使（Authorities）、権天使（Principalities）、座天使（Thrones）などの大天使団の中のもっとも完璧な永遠の存在である。私たちの教会は彼女のことを「7つの天国の最も偉大な存在」と呼ぶ。どういうことなのだろうか。宇宙でのことだろうか。いいや、永遠の存在（BE-ing）という状態において最も偉大だということである。それが聖母マリアだ。

探求者が自分のサイコ・ノエティカル（感情と思考両方の）センターと、それを超えたところを開く用意ができたとき。言い換えると、聖母マリアと聖人たちのように自己・スーパー意識を持つ永遠の存在とコンタクトする準備が整ったとき、その人は、これらの存在がいつも私たちの中や周りにいるのを見て、気付くことになる。そして、私たちは、彼らの永遠の存在（BE-ing）の状態の中にいる。

聖母マリアは（父）ヨアキムと（母）アナを通して地上に降りた。このときも神性受胎だった。マリアは、他の女性と同じように肉体と自己・意識（self-conscious）＊の人格を持つ普通の女性だった。しかし、彼女の本当の自己(realSelf)＊はどうだったのだろう。彼女は「汎宇宙の権天使」、天国全体の中でもっとも偉大な存在だった。彼女は宇宙や天国に自分を自己・スーパー意識で拡大することができた。

＊小文字の self「自己」は現在の人格に属し、大文字の Self は「神性な自己」を指す

命（Life）の特徴の一つは意識である。私たち（人間）には意識と潜在意識と呼ばれるものがあり、それらが私たちに存在しているという感覚、ある種の自己・認識を与えてくれ、それが人類の主な特徴となっている。

意識、潜在意識、そしてスーパー意識までも、大天使の教団そして、聖霊の中にあり、大天使たちが宇宙や全知恵の創造の世界に投影できる理由はここにある。

私たちの教会が大天使には（訳注：教団の）システムがあり、人類には人種（race）があると伝えたのは正しい。

自己・認識（self-awareness）とは、人類の生き方を特徴づける状態だ。

では自己・認識（self-awareness）とは何であり、自己・認識と意識（consciousness）をどうやって識別するのだろう。

もしかすると、これは上級者向けのレッスンかもしれない。いくつかのことについて明確にしておこう。

全知恵、全力、全愛で構成されている大天使的な状態がある。これらの状態には、潜在意識（sub-conscious）、意識（conscious）、そしてスーパー・意識（Super-conscious）の表現が含まれる。

大天使たちは**自己・認識**（Self-awareness）を表現することはない。

人間だけが命の王国で自己・認識（self-awareness）を表現する。なぜなら人間は魂であり、永遠の存在だからである。

では一つの自己・認識と他の自己・認識に違いはあるのだろうか。大きな違いがある。

光には、ろうそくの光もあれば、スポットライトの光、太陽の光などある。これらはみな光や火だが、度合いが異なる。現在の人格の自己・認識（も、「私はジョージ」、または「私はメリー」というとき、自己・認識は本当の「I」より度合いが低い。

現在の人格は自分のエレメンタルの集合で構成されていて、絶えず変化をし続ける願望、感情、目的、行動や想念の集合体である。したがって、現在の人格も絶えず変化するが、永遠の部分、印象を受け取る永遠の原子と私たちが呼ぶ部分は変わらない。

（現象的に）死を知るものが不死になり（現実では不死な故）、滅亡するもの（絶えず変化するもの）が不滅になる。

不死の部分、印象を受け取っている部分は、ある意味で私たちの中核を構成していて、その表面や周辺は絶えず変化している。したがって、人の自己・認識（self-awareness）はその人間の成長によって変わっていく。洞窟に住む石器時代の人間にも自己・認識はあったし、自分の周りの人たちもみな自己・認識があり、いい人も悪人も、ずる賢い人も泥棒にもある。しかし、自己・認識は、ある名前が付属している以上、とても制限されている。

私たちの聖人たちも以前、自己・認識に名前が付属していた頃、それは制限された自己・認識だった。しかし、時間とともに、高次の種類の**自己・認識**（Self-awareness）に入っていった。その永遠の存在の状態は聖なるもので、それはどの教会の判断に拠るものでもない。

この高次のレベルに到達するのには多くのワーク、勉強そしてサイコ・ノエティカルなエクササイズが必要とされる。

「汝（神）を讃える者に栄光あり、汝（神）に王冠を載せる者に栄光あり、そして汝（神）を通して行動をする者に栄光あり」という賛美歌の言葉を最初に引用した。この歌のように神を讃える人は、神によって讃えられ、神に王冠を与える人は、神によって王冠を与えられ、神を通して行動を起こす人は、神がその人を通して行動を起こすという内在する真理を伝えている。

では「栄光」とは何だろう。自分の努力、自分の美徳、そして自分自身による浄化によって、アセンション（上昇）した人、名前、そして制限のある自己・認識からスタートして、スーパー・意識の**自己・認識**（Self-awareness）の状態に到達した人に絶対存在は間違いなく栄光を与えるだろう。しかし、聖人は栄光を直接目指すわけではない。

そして、「汝に王冠を載せる者に栄光あれ」は、聖人に王冠が与えられたことを示す。私たちの教会が、永遠の王冠と呼ぶものは何のことだろうか。それは頭の周りの聖なる光輪のことだ。これが神聖なる王冠であり、栄光なのだ。

これらの聖人たちは普通の人と自分が違うと思っていない。なぜなら彼らは、全愛が優勢な永遠の存在の状態にいるから。彼らは地球の中にも周りにも愛を拡大させている。

私たちはこの惑星に住んでいる限り、絶対無限の存在の汎宇宙的な愛の中で動き、生きる。なぜなら私たちはその一部分であり、そこから力を得ているからである。私たちはそれを意識し、心得ている必要がある。

「私たちは神の中に生き、動き、存在しているからです」（使徒言行録17：28共同訳）

私たちは聖人たちの永遠の振動の中にいて、同時にこれらの強い振動で、私たちの中にある最も強い振動は聖母マリアのものだ。実際に、私たちが体験する最初の体験はすべての母の振動である。

私たちはその振動を彼女が私たちの振動を感じるのと同じように感じる。彼女の名前を無駄に呼ぶことはない。それがどのような罪びとであろうとも、聖母はいつも答えてくれて、助けに来てくれる。私たちが痛みを感じているとき、彼女は癒してくれる。なぜなら私たちは彼女の中にいて、彼女は私たちの中にいるから。

そして、もう一つ。なぜアイコンや偶像が奇跡を起こすことが可能なのだろうか。これは本当なのだろうか、それとも幻想なのだろうか。それは本当である。レッスンを積むことによって、一つずつの想念が力となり、グループで持つ想念はより強い力を付け、偶像やアイコンを強力なお守りにすることができる。

私たちをスーパー・意識に繋げてくれるもの、例えば聖母マリアの絵や宗教的な道具などを持っている人は、祝福を受けたりするなどの奇跡と呼ばれる事が起きやすい。アイコン自体が必要なのではなく、大勢の信者がその信仰によって、そのアイコンにサイコ・ノエティカルなエネルギーと力を入れているため、奇跡を起こすきっかけとなることができるのである。

シンボル・オブ・ライフについて

真理の探究のために、シンボル・オブ・ライフという重要な図があります。

シンボル・オブ・ライフが初めて地上に降ろされたのは何千年も前のことです。古代エジプトのファラオ・アクナトンの時代、ダスカロスはコラトンと呼ばれる高司祭でした。このときシンボルは神殿に飾られていました。このことは『シンボル・オブ・ライフ』（スティリアノス・アテシュリス著・須々木光誦訳・エドコム刊・２０１８年）＊という本に書かれています。ダスカロスがオリギネス＊＊として転生したとき、シンボルには新たに情報が付加されて再解釈され、キリスト教のものとなりました。ダスカロスが転生するたびに、その時代の人々の自己・認識と目覚めに合った形でシンボルは伝授されています。

この歴史について、私は探究を始めたころに聞いていていましたが、長い間教えられていなかったということを実は昨年になって知りました。

シンボル・オブ・ライフは１９８０年代にファザー・ヨハナンからダスカロスに渡され、最初はダスカロスのもとで深く真理を探究する人々の中の精鋭メンバーであるインナー・モスト・サークルだけに伝えられ、１９９０年代にようやく、一般の探究者のサークルに伝授が許可されたようです。それでも、長年学び続けている人たちもシンボル・オブ・ライフの秘めた意味についてそれほど詳しくないように思えます。たとえば、キリストと聖母マリアがシンボル・オブ・ライフからどの道を降りてこの世に生まれて来たのか、今までは知るよしもありませんでしたが、今回は本書のためにパナヨッタさんから特別に掲載の許可が下りました。

＊『シンボル・オブ・ライフ』：原著は『The Symbol of Life』（スティリアノス・アテシュリス著・Herausgeber 刊・１９９８年）

＊＊オリギネス：古代キリスト教最大の神学者といわれている。

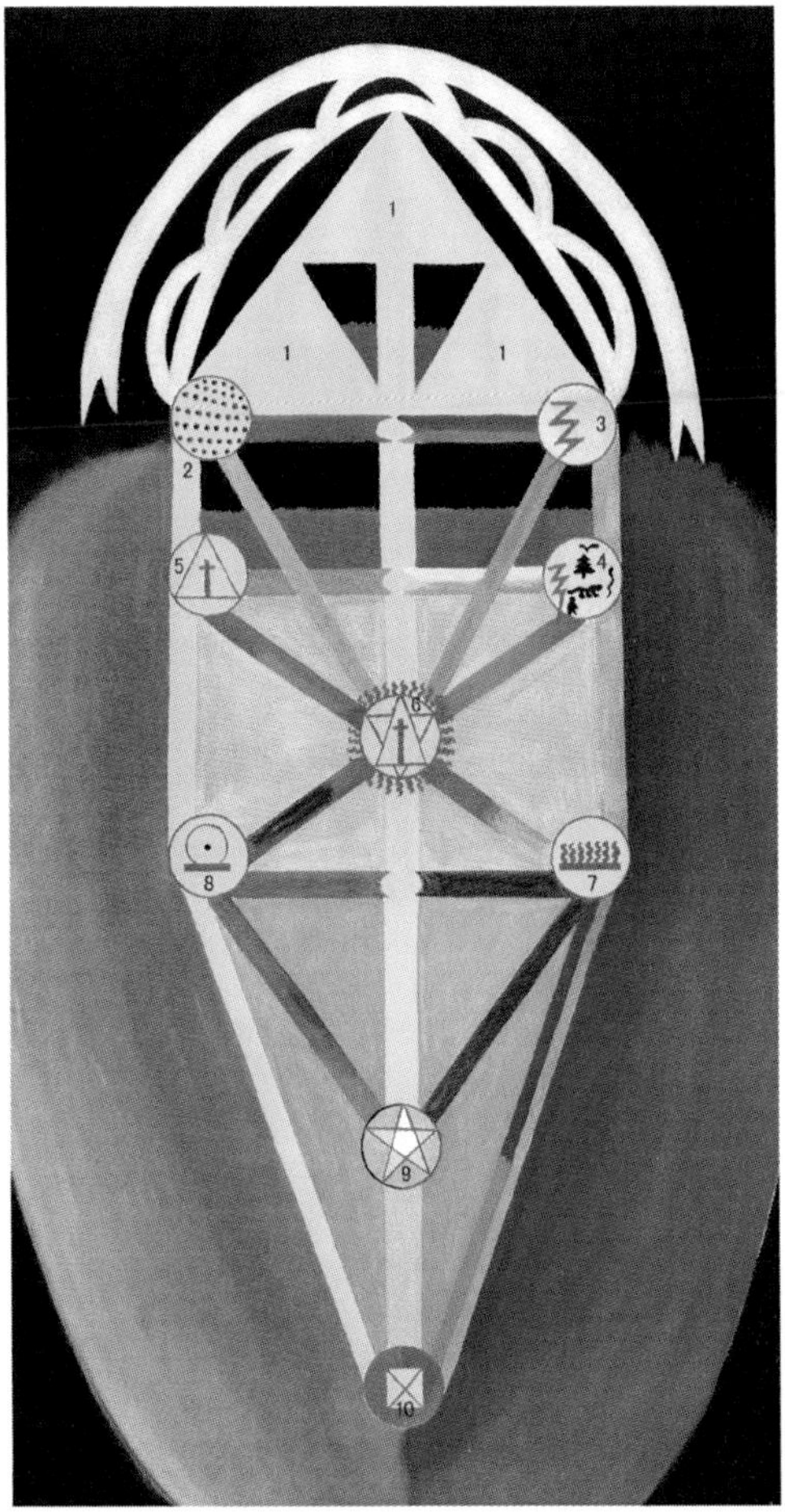

レッスン2　キリスト、ヨハナンと聖母マリアが地上に生まれるために通った道

1991年2月3日：シンボル・オブ・ライフのセッション

Q：亡くなるということと、転生の過程を説明してください。

D：亡くなると、物質世界（センター10）を去り、サイキカル次元（センター9）に入ります。そこから聖なる勢力があなたを深い眠りの状態に入れ、あなたはセンター6、そこからセンター8に行き、そして再び10に降ります。あなたがセンター6を通るのは、あなたが思考の人だからです。ここにはマインドとハートがあります。あなたは亡くなった後、センター9まで上昇します。あなたは感情を乗り越えていません。あなたは今、寝ている状態で、守護大天使の助けによりセンター6に

向かっています。十字架の磔を通過しますが、深い睡眠の状態でそれを行います。そしてあなたはセンター6、さらに8まで降りて、再び転生します。

あなたがもう少し成長して、センター10とセンター9で、自己・認識を会得するようになると、亡くなった後に自己・認識がある磔を経験し、センター6に行き、そして復活に到達します。あなたは本当の**自己・認識**を会得します。そうすると、再びセンター8、そしてセンター10に降りてきます。

より進んだ転生ですと、センター9とセンター6を通過して、そこからセンター5まで行きます。あなたがセンター5まで行くと、もうセンター8そして、センター10まで戻る必要はありません。センター5からセンター6まで行き、そこから9、そしてそこから10まで行くことができます。

センター8は永遠の人格と現在の人格です。センター5はあなたの個性、あなたのI-nessです。センター8から5まで行くことは不可能で、10から9、そして6から5という順序で行く必要があります。

センター8で、あらゆる種類の意識を会得できますが、スーパー・意識は会得できません。センター5にはあなたのI-nessがあります。

まずあなたは最初に寝たままで10から9、そして6から8に行く必要があります。のちに目覚めて十字架を通りセンター6に行き、そして目覚めて戻ります。10から9、そして6まで自己・認識を持って上がります。そして、本当の自己・認識を得たら、センター6からセンター5まで上がることができます。もしそれを望めばです。でなければ、6から8、そして10に降りてきます。

センター5で、あなたは完全なコントロールがあります。物質、感情や想念をマスターしています。あなたは3つの状態のマスターです。そうなるとあなたは5から4、5から6、または5から7に行けます。実際、望む所はどこにでも行けて、センター3でさえ行くことが可能です。

Q：でも、センター1に帰ることも可能なのでしょうか。

D：はい。シンボル・オブ・ライフの全体像を知っていますね。人々がシンボル・オブ・ライフを知りたいといいますが、これは何世紀も何世紀もかかることなのです。中央の道をまっすぐセンター1の三角形に上がれるのでしょうか。あなたは2番目と3番目の十字架を通ることができるのでしょうか？

Q：もし3番目の十字架を通ったら、下に帰って来られるのでしょうか？

D：帰って来られます。なぜならそこに行ったことがあるからです。そして行くことによって自由意思を会得したのです。あなたは聖なる存在になったのです。私は2番目の十字架を通りました。それによって、いつでも私はセンター4にも5にも行くことができます。それから私はセンター3に行きたいと思いました。でも私は3番目の十字架（センター2と3の間）を通過してセンター3に行きませんでした。私はセンター6から3まで行きました。そこには数分以上いられません。そこはあまりにも素晴らしすぎるのです。そして、大天使と一体化して、友人になり、彼らに導かれないと行けません。しかし、このことを私たちは公に説明することはできません。

Q：仏教徒は菩薩について話しています。自己実現した（目覚めた）人のことを指します。

D：でも、なぜ自分を菩薩と呼ぶのでしょう？ 名前は必要でしょうか？ 名前は関係あるのでしょうか？

Q：菩薩は人間の最後の涙が流れるまで地上にとどまると言っています。ダスカレも同じことを言っていますね。

D：私たちは何を約束したのでしょう。人間の目に涙がある限り地上に生まれてくると。それが菩薩の資質ではないでしょうか。でも菩薩とはなんでしょう。最も高次のものは最も低次のものでもあるのです。キリストはそう言いました。受け入れるときはすべてを受け入れるのです。最も高次のものから最も低次のものまで。そうすると何がわかるのでしょう。最も高次のものが最も低次のものであり、最も低次のものが最も高次のものであるとわかるのです。これを説明するのはとても難しいことです。物質界にいると、このような考えを持つことになります。

この世界は区別を作る世界なのです。サイキカル界も同じように、区別を創ることで知識を会得します。2、3かそれ以上の数があり、それらを識別するのです。でもこの比較または区別を壊すと、あなたは全体の中にいます。あなたの理解の能力によって理解する最も良いことと最も悪いことは同じなのです。あなたはこの反対の法を壊す必要があるのです。

（30分休憩）

Q：ジョシュアが地上に降りたときの道について説明していただけますか？

D：（シンボル・オブ・ライフ）を見せながら説明。ジョシュアは一番上の三角形のセンター1（父である神）からセンター1のロゴスの三角形、そして、右に行き、真ん中の道を通り、センター6からセンター9、そしてセンター10に降りました。

まっすぐこのように降りてきたのは彼だけです。（ダスカロスはシンボルのロゴスの三角形と聖霊の三角形と真ん中の道を指す）そして、10から9、そして6に降りてきました。なぜなら彼は神だからです。彼は聖なる計画に従って（2から5、8、10）降りてきませんでした。彼は中央の道をまっすぐ降りたのです。

では、ヨハナンと他の大天使たちはどうでしょう？　彼らはキリストと共に（中央の道を指す）降りてきて、10、９、6と上がって行きました。キリストのようにこのように来た存在たちは他に誰がいたのでしょう。聖母マリアとヨハナン、この3人だけです。

Q：では、ヨハナンと聖母マリアはキリストと共に来たのですか？

D：そうです。そして、亡くなった後、彼らの体はなくなってしまったことを私たちは知っています。彼らは墓などに埋められていません。ヨハナンの体と聖母の体は非物質化したのです。

Q：では、彼らは帰らなかったのですか？

D：彼らは普遍的なのです。彼らはどこにでも望むところに行けます。彼らは私たちが「**スーパー意識**の最も高次のレベル」と呼ぶところの存在たちです。

マリアは一度、物質化して私のところに来てくれたことがあります。それは私を特別扱いしたのでしょうか？いいえ。彼女は無数の場所に同時に現れることができます。彼女は、地上で女性だった頃の姿で物質化できます。それは特別扱いではありません。この瞬間必要となったら世界のどこであっても自分を物質化することが可能です。ルルドや他の場所でも行いました。奇跡を起こすのです。

「奇跡」とは何を意味するのでしょうか。人間のある視点から見ると、これらは奇跡ではなく、まだ理解することができない現象なのです。唯一の奇跡は命、神です。どのように行われているか私たちが理解できれば、奇跡と呼ばれる現象は奇跡でなくなります。３００年前に生きていた人間にとって、電気の光とか遠くを見ることができるテレビは奇跡に見えるでしょう。

スーパー・意識のもっとも高次のレベルに到達すると、人間は自分の体をどこででも物質化することができるようになります。でも必要はあるのでしょうか？できるからと言って、やるべきなのでしょうか？神の意志に反してでも？その時点ではもう聖なる計画がどんなものであり、どう働いているか理解しているはずです。

人間のエゴイズムを消すと、法と神の意思に従うことになります。大天使たちが自分たちの性質に反して、他者が行う行為を真似るようなことがないとわかります。

できるのですが、やらないのです。従って、私は高次のレベルに行く人が、完全に個人のエゴイズムを消すことを主張するのです。

本の中で、体と世界、そして、物質、サイキカルとノエティカルの世界の関係を説明します。シンボル・オブ・ライフで本当に興味深いのは情報と体験です。現在の人格を個性に向上させていくことです。これがシンボル・オブ・ライフの目的です。そして、これは生命の木を含めて、すべてのシンボル・オブ・ライフの目的であるべきです。カバラを少し知っている人たちが、物質的な目的や魔法のためにそれを使っています。それが黒魔術でなければブラウン・マジックのために使っています。殺しには使わなくても、物を会得するために使っています。私は誰もシンボル・オブ・ライフを物質的な目的で使うとは思いません。これは情報、そして意識を持った成長のためのものです。

Q：センター6からセンター8、そしてセンター9と行くのは誰でしょうか？ダスカレは、私たちがセンター６からセンター８、そしてセンター10に行き、再び、９と６に行くと言いました。でも、センター８からまっすぐセンター９に行くのは誰でしょう。

Ｄ：それは必要がありません。自分の感情をチェックして、それが自分の知識と並行しているか確かめるのです。これらが主な重要な道と、自分が選んで使う道があります。

私は10から９、そして６まで行ったことがあります。10から８もあります。８から７に行ったことも。８から６にも行きました。６から５、そして５から４も。そして、ミカエル、ガブリエルとラファエルと共にセンター３まで行ったこともあります。でも私はそこに長くいられませんでした。

センター３に行くときは、３から６まで直接に降ります。４に行ってから６には行きません。センター6からセンター4まで行くと、物質次元での物質化の能力を会得できます。なぜならセンター4には自然界があるからです。センター4を通過すると、あなたはサイキカル世界とノエティカル世界をマクロコスモス的に入ることができます。イデアの世界と、イデアが形として反映される世界に入るのです。センター4は形（form）の世界ですべての世界に通じています。

しかし、私たちにそれをやる時間があるでしょうか？できるのですが、時間がありません。車を手に入れ、ガソリンがあれば好きな所、どこにでも行けます。でもいろいろな所に行くのには時間が必要です。

レッスン３　聖なる数字（Holy Numbers）

１９９３年1月12日：ギリシャのインナーサクル

今日のレッスンはキリスト、ジョシュア・イマニュエルが個人的に信奉者の数人に伝えていたものである。

神・人、キリスト、ジョシュア・イマニュエルの使命は癒すこと、教え諭す（preach）ことと、ロゴスとしての彼自身に人を引き寄せることであった。そして彼の幼い頃から（生後8日目から）の働きは、癒しと説教だった。

エジプトにいる何年もの間、彼の服や体に触れたすべての人々の病は治るのだった。ヘリオポリスにいたラビ長はこれらのことを観察していた。２～３歳から、キリストは創造について語っていた。ヘリオポリスのエッセネ派の学校で、エッセネ派の子供たちは母国語であったギリシャ語とアラム語、そしてその他にラテン語を教わっていた。

当時エジプトで人々はクレオパトラの支配下で苦しんでいたので、ローマ人を解放者として受け入れた。そしてローマ人はすぐにエジプトをローマ帝国に併合したのだった。しかしパレスチナにいたイスラエル人はローマ人の統治者たちを受け入れず、パレスチナに近づかないよう絶えず戦略を練っていた。ローマ帝国の王カイゼルはイスラエルの王たちを、おもちゃの王のように扱った。東洋の国々の王にも同じような扱い方をしてきたのだった。

当時のパレスチナの状況はとても悪かった。当時、誰がパレスチナに暮らしていたのだろう。純粋のイスラエル人、ユダヤ人またはヘブライ人はイスラエルの3分の１の人口を占めていた。エッセネ派、ギリシャ人、ローマ人や小数のアラブ系遊牧民のベドウィンの人々もいた。ローマ人とギリシャ人は偶像崇拝者であり、イスラエル人とエッセネ派は一人の神を信じていた。そして、少ない数のアラブ人が火を崇拝していた。

イスラエル人はエッセネ派を異端者としてみていた。イスラエル人は、残酷で復讐に燃える神、モーゼの神を信じていた。エッセネ派は、エジプトでアクナトンの宗教を信奉していたエッセネ派の人々の子孫たちであり、慈愛に満ちた父なる神を信じていた。

イスラエル人、エッセネ派、そしてベドウィン族の人々全員が神をアラハ（Alaha）と呼んでいた。これら言葉は古代エジプト語やアラム語では一つの文章になっている。**Al** は絶対無限の存在である神、**La** はロゴスとしての神、そして **Ha** は具現化する意志の喜びを意味する。

後にイスラエル人とエッセネ派は神をアラハ・エロヒム（Alaha Elohim）と呼ぶようになった。それは神を複数形で示す言葉で、その中には大天使団（複数）も含まれていた。

私たちはキリスト、ジョシュア・イマニュエル、神・人が最初の12年をエジプトで過ごしたのを知っている。子供の頃から彼は癒しを行い、教えを伝えていた。それが彼のエジプトにおける使命だった。生まれて8日後にジョシュアはエルサレムのエッセネ派の寺院に連れていかれ、そこでシャマオンはエッセネ派の人々全員に「ここにメシアがおられる」と言いながら紹介した。エジプト、パレスチナ、キプロス、小アジア（主に現在のトルコ）、そしてメソポタミアのエッセネ派の開拓地の間には連絡網があった。

パレスチナにおけるキリストによる教え

彼がパレスチナに12歳の年で来たとき、人々は彼をエッセネ派の寺院で待っていた。みな、彼の叡智と癒しの力について知りたがっていた。この頃から彼は自分の使命を実行し始めたことを私たちは知っている。ヨセフはエルサレムのエッセネ派の管区（See）のラビ長エフレムに、マリアがジョシュアと共に3ヶ月ごとに3日間、彼を訪問すると約束したのだった。かかった経費はエッセネ派の管区によって支払われた。

ジョシュアが17歳のとき、彼はヨセフの娘であり彼の義姉妹であったエスターとアルタイの結婚式の場で、水をぶどう酒に変えた。マリアがぶどう酒が足りなくなることに関心を示したのは、それが（自分の）家族の結婚式だったからだ。

結婚式のすぐ後に、マリアとジョシュアは、カペナウムに暮らしているマリアの姉妹であり、シャバタイの妻であるミリアム・シャロムから会いに来るようにと招待を受けた。
そこで、ジョシュアが二人の男性から悪魔たちを追放して、その悪魔たちが何匹かの豚に入り、豚が海で溺れ死んだことを私たちは知っている。豚の飼い主たちがこの事をサンヘドリン*に報告して、サンヘドリンが17歳の少年を悪魔として石投げの刑で処刑すると決めた。ジョシュアがカペナウムに着くと、ナザレスのラビが、彼にエルサレムのサンヘドリンが彼を悪魔として石投げの刑に処すと決定したことを伝えた。

*サンヘドリン：パレスチナにおけるイスラエル人の宗教的権威、最高法院と呼ばれる。

聖書には彼がナザレスのイスラエル人の寺院に出向き、公の場で、「そう、私は神の子です」と言ったと書かれている。サンヘドリンの命令で、彼は数メートル離れた崖まで引きずっていかれ、そこから投げ落とされ、石投げで処刑されることになっていた。もうすでにそこには石が積まれていた。十五人の腕っ節の強い者たちが彼を引きずり出したが、彼は自分の体を非物質化して、ナザレスの寺院で再び物質化したのだった。

家族会議での決め事により、マリア、ジョシュア、そしてヨセフはナザレスを出て、カペナウムに暮らした。その日からジョシュアはカペナウムに滞在したが、毎月４日間の間、彼はラビ長エフレムとの約束を守るためにエルサレムに行き、そこで教えたり、癒し（ヒーリング）を行ったりした。

彼には何人のヒーラー・弟子がいたのだろうか。５０００人以上だ。しかし、本物のヒーラー・弟子になったのは何人だろうか。七十人だけである。彼は弟子たちを世に送り出した。弟子たちは癒しや驚くべき事柄を成し遂げた。

ある人たちは、「キリストは30歳になるまで何をしていたのだろう」と言う。

ヒーラー・弟子たちのグループ（複数）は、ヨセフの息子であるヤコブの指導下に置かれた。これらの何人かがヨハナンの指導と指示を受けていた。年齢に関係なく、えこひいきもなかった。特定の性質を持った者たちを彼が受け入れ、教えるのだった。彼の元にはインナー（inner）、インモア（in-more）とインモスト（in-most）のサークルがあった。これらの最初の数人は白いローブを着る必要があった。それが指導をしていたヨハナンの望みだった。私たちは彼が大天使であったと、そして今も大天使であると言った。人間・大天使（human Archangel）だ。

＊＊＊＊＊＊＊＊＊＊

さて私たちはシンボル・オブ・ライフに来る。センター10番にはピラミッドがある。私たちは物質界にいて、肉体を持って暮らす間はずっとこのピラミッドでワークを行う。しかし、中央の道（センター9に向かう道）を行くための３つのステップのワークもする必要がある。

最初のステップは物質界の人格のワークに関するものである。２つ目はサイキカル体＊（感情体）と呼ばれるもののワークに関するものである。それはサイキカル世界に関するものである。３つ目はノエティカル体（思考体）に関するものである。私たちはノエティカル体のマスターになり、ノエティカル界（まだノエティックではない）への準備をする必要がある。その時点で、私たちはいろいろな異なった世界に進むことができる。

＊人間には3つの体、肉体、サイキカル体、ノエティカル体があり、それぞれの体はそれぞれが、3次元、４次元、5次元に属している。ノエティックは体というより、３つの世界（次元）を超えた状態を指す。

次のステップで私たちはサイキカル次元に行く。まず私たちは自分のサイキカル体のマスターにならなくてはいけない。そうして、人間の現在の人格のシンボルである五芒星があるセンター9番に入る。

この3つのステップとセンター9番について、キリスト・ジョシュアは何を教えていたのだろう。教えとは別に、ジョシュアは彼らに実践のプラクティスを与えていた。キリストには透明のヘルパーと呼ばれるグループがいた。

まず、弟子たちはサイキカル世界とノエティカル世界について知らなくてはいけなかった。2段目と3段目のステップである。それによって、ヨハナンは後に彼らを遠隔ヒーラーとして使うことができた。

ジョシュアは7つの光（luminosities）について語った。それは7つの種類の輝きである。

彼は、**命**（Life）が光であること、そして光は私たちが肉眼で感知する太陽の光だけではないことを教えた。一時的存在の世界、または創造の世界には７つの光（luminosities）がある。（その上に３つのより高次の光があり、そのうちの２つはこの二元性の世界にまだ属している。）

聖なる大天使、エレメントの大天使が働きかけているこの７つの度合いの光（luminosities）とは何であろうか。

まず、光を３つの違うグループに分類しよう。最初の３度（degrees）、より高次の３度、そして、それより高次の３度と、二元性を超えた１度がある。

これらの3つの光の種類はそれぞれが3度ずつに分かれていて、最初の3度は、物質界、サイキカル界、そしてノエティカル界で、3つずつある。ノエティック（状態）は十番目の分類で、それだけは二元性の世界を超えている。

創造の世界において、光の表現はどのように具現化されているのだろうか。感受性、感性、本能、潜在意識、顕在意識、**自己・意識**（Self-consciousness）と**自己・スーパー意識**（Self-Super-consciousness）である。これは7種類の光の結果であり、聖なる大天使たちはそれらを使う必要があり、私たちも使えるように学ぶ必要がある。

感受性（sensitivity）は私たちの骨にある。感性（sensibility）は肉体、そして神経系とすべて肉体の物質的な側面にある。そして、私たちには潜在意識がある。人間は潜在意識を使っているが、まだ**自己・認識**（Self-awareness）は使えていない。

キリストは何を教えていたのだろう。彼は**自己・認識**と**自己・スーパー・意識**（Self-Super-consciousness）を教えていた。

スーパー・意識とは何であろうか?それは何かへのアチューンメント。アチューンメントとは何だろうか。それはここにいながら、同時にロンドン、アメリカ、またはアフリカにいる誰かにアチューンできるという意味である。アチューンメントとは、拡大を意味する。何を拡大するのか?意識だろうか。**自己・意識**（Self-consciousness）だ！　そう、私たちは自己・意識を育てなくてはいけない。

キリストはその数人の弟子たちに同時に5カ所以上のところにいて、それぞれから情報を得て体験する方法を教えていた。私たちが**自己・意識**（Self-consciousness）の拡大と呼ぶものである。

その他、彼は何を教えていたのだろうか? マインド・バイタリティをパンと魚に変えて、5000人に食べさせていたのだ。そして、彼は何回も食べ物を物質化していた。私たちがジョシュアの行ったすべてを書き留めたとすると、これらの資料を置いておく場所はこの世界だけでは足りなくなる。

次に何をしたらいいのだろう。少なくとも自分の**自己・意識**(Self-consciousness)を拡大できるように練習しなくてはいけない。でもまず先に、自分の本当の自己・認識を開花しなくてはいけない。私たちは目覚めて、透明なヘルパーとして偉大な師たちの役に立つ必要がある。

ヨハナンの指導下でキリストの教えを受けた生徒の中で一番、勇敢で大胆だったのは誰だったか知っているだろうか? 使徒ピリポである。ピリポは拡大して、物質化をすることができたとヨハナンは言っている。あるとき、彼は自己・認識を保ったまま、新しい肉体をある人の近くに物質化した。物質化した体で、その人の洗礼を行ってから、この新しい体を非物質化したのだった。

数人の弟子たちはみなそれができたのだろうか？　できたのだ。しかし、ピリポは最も勇気ある者だった。他の弟子たちはもっと慎重で、「それは大天使たちの仕事だ」と言っていた。もしかすると、ピリポはただの人間ではなかったかもしれない。彼も**神の子**だったのだろう。ピリポの場合、その一人の子（**The** Son of God）ではなく、神の子たち（神の子ら）の一人（A son of God）だと言われる。なぜならそこには多くの**神の子たち**（Sons of God）がいたからだ。

聖書にはこう書かれている。

When human beings began to increase in number on the earth and daughters were born to them, the Sons of God saw that the daughters of humans were beautiful, and they married any of them they chose. (Genesis 6: 1-4)

「さて、人が地上にふえ始め、彼らに娘たちが生まれたとき、神の子たちは、人の娘たちが、いかにも美しいのを見て、その中から好きな者を選んで、自分たちの妻とした」（創世記６：１－４）

ピリポはA-Saa-Al、または、他の神（God）の子の一人だったはずだ。もちろん、私は地球の周りにいて、この惑星への権限を持っている神の子たちについて公に話すことは許されていない。

あなたのガイドがあなたを拡大することによってどこかへ連れて行くとする。その時はまず、あまり好奇心旺盛になっていろいろ質問してはいけない。そして、見るものすべてに気を取られたり、特定のことに注意を奪われて、果たすべき義務が果たせないようではいけない。体外離脱で人を連れ出して、病院や戦場に連れていくだけでは不十分なのだ。特定の気質・性質が求められ、準備も必要となる。

私の今までの経験では、残念ながら、一緒に連れていった透明のヘルパーたちがあまり役に立ったことはない。

最初に学ぶのは、沈黙だ。そのあとに、マインド・バイタリティを上手に使えるようにする。

私たちは一体、何をしたらいいのだろう？

私たちは、相手の面倒をみたり、抱きしめたり、相手に微笑んだりする必要がある。自分がすでに持っている何かを与えるのだ。パンを物質化する必要はない。今、パン屋にはたくさんのパンがある。何が自然にシンプルに行われるべきかを見る必要がある。

しかし、その前に、マインド・バイタリティの神聖さを理解する必要がある。もうすでに私たちは人間・悪魔というような負のエレメンタルを創るなど、マインドのひどい使い方をしている。真理の探求者はそれが聖なるものであるから、マインド・バイタリティを尊重しなくてはいけない。そして、彼はその使い方を知らなくてはいけない。

キリストからの指示は何であろうか。

「門をたたけ、そうすれば開けてもらえるであろう。
捜せ、そうすれば見つかるであろう。
求めよ、そうすれば、与えられるだろう。
神の王国を求めよ、するとすべてはそれに足されるだろう」

すべてが！それは、物質だけではない。

マインド・バイタリティをどうすれば上手に使い始めることができるのだろう。

天の王国を開く鍵はどれなのだろうか？

この神秘への鍵は視覚化と、本当の自己の意志の力である。私たちは人間としての可能性を勉強するべきである。私たちはそれを勉強したのだろうか？マインド・バイタリティが何であるか、そしてどうやって使うことができるのか勉強したのだろうか。

私たちの体の中で働く大天使たちは、私たちが何かを学ぶことができると喜ぶということを知っておくべきである。私たちが聞こえることは彼らにも聞こえる。私たちが何かを知ると彼らも知る。そして、彼らは私たちがまだ知らない多くのことを知っている。彼らはいつでも私たちを助ける準備がある。

次に聖なる数字について話そう。聖なる数字は10ある。最初の３は物質次元に対応する。次の3つはサイキカル界、そして、そのあとの3つはノエティカル界。最後がノエティック状態。これで10の数字が完成する。

これらの数字はみな、マインド・バイタリティの多様な周波数である。1、2、3の状態は固体（すべての種類の固体）、液体、気体の資質を物質界に与える。

サイキカル世界でこの3つの状態、固体、液体、そして気体は、4、5、6になる。それ故、1と4、2と5、そして3と6には共通の特徴が見られる。

数字の1はすべての種類の固体に該当する。サイキカル次元で個体は数字の4である。数字の2はサイキカル次元で5に対応し、液体を現す。サイキカル次元で液体は5の率で振動している。3は物質次元では気質であり、それはサイキカルの6に対応して、ノエティカル次元を意味する六芒星に導いてくれる。シンボル・オブ・

ライフの数字は偶然ではない。これらには意味がある。

私たちの肉体にも３つの状態があり、硬い固体、ソフトな固体（肉体）、液体と気体がある。サイキカル体も同じだ。

私たちがサイキカル体を持って、サイキカル界にいるとき、固体は４の率で振動している。液体と気体は体の中にも外にもある。

ここでノエティカルの世界に来る。物質世界の１は、サイキカル世界では４だと私たちは言った。ノエティカル次元の場合は、どの数字に対応するのだろうか。それは７である。それ故、ノエティカル世界への入り口である聖なる数字は７である。

しかしこれらの振動を自分のノエティカル体に創造する必要がある。

これらの力を得たとしたらその結果は何であろうか。私たちは**自己・意識・体外離脱**（Self-conscious exosomatosis）とサイキカルやノエティカル世界での目覚めを体験する。しかし、私たちは4と7で振動する必要がある。それはどうやって行うのだろうか。ゆっくり、ゆっくり私たちは学んでいこう。

まず、私たちのワークは、自分の中にある物質次元、サイキカル次元、そしてノエティカル次元それぞれにある3つの意識状態を開花することだ。その後にノエティックな状態に入る。ノエティックとは、聖パウロが彼の手紙で触れている。それはスピリット体（Spirit body）でスピリチュアル体（spiritual body）ではない。もう一度、繰り返そう。スピリット・ボディだ。聖書を訳した人々がいくつかの訳を間違えたのだ。形容詞と名詞は違う。私たちにとって、Spirit（名詞）とspiritual（形容詞）には違いがある。

自分の中にあり、自分と共にある、天の王国の門を開く成功の鍵とは何のことだろう？ 私たちの中と言うとき、それは私たちのスピリット・魂・自己（Spirit-Soul-Self）の中にあることを意味する。私たちと共にあるというのは、現在の人格として、人間としてであることを意味する。

私たちが試みるのは２つの状態、アチューンメント（同調）、そしてアトワンメントまたはワンネス（一体化）を開花するということだ。

私たちの体と呼ぶものは、本当は私たちの体ではない。なぜなら私たちはそれについてほとんど何も知らないし、私たちがとる食べ物や飲み物でさえすでにできているもので、自分たちが創造したものではない。私たちの体の中にいる聖なる大天使たちがマインド・バイタリティから必要なものをとって、いらないものを捨て、私たちの体を維持している。これは論議できない事実である。論議するのは愚か者である。私たちの中で働き、この体を自分のものとさせてくれる聖霊たちにお礼を言わなくてはいけない。

聖なる大天使たちは私たちが言葉に出すことはすべて聞いている。そして私たちのすべての感情や想念も。

自分の体全体に自分がいることを感じてから聖なる大天使たちに聞きなさい。「私は何？」と（「私は誰」ではなく。そう聞くと幻想に入っていく）。

「魂に目覚めている存在としての私は何であろう？」

そして、

「ワンネスの中にいる、スーパー自己・意識として私は何になり得るのか？そして今は何なのか？」

夜、眠くなったらそれを聞いてみなさい。彼らはそれを聞いて、あなたの守護大天使と体の中にいる大天使たちはあなたを「魂に目覚めている自己」として目覚めさせてくれるだろう。

知識は体験にならなくてはいけない。私たちはすでに内省を行い、そして私たちの本当の**自己**（Self）ではなく、その影である現在の人格の自己をコントロールするためのエクササイズを行なっている。そして内省後に私たちは内在する知識に到達するのだ。

第5章

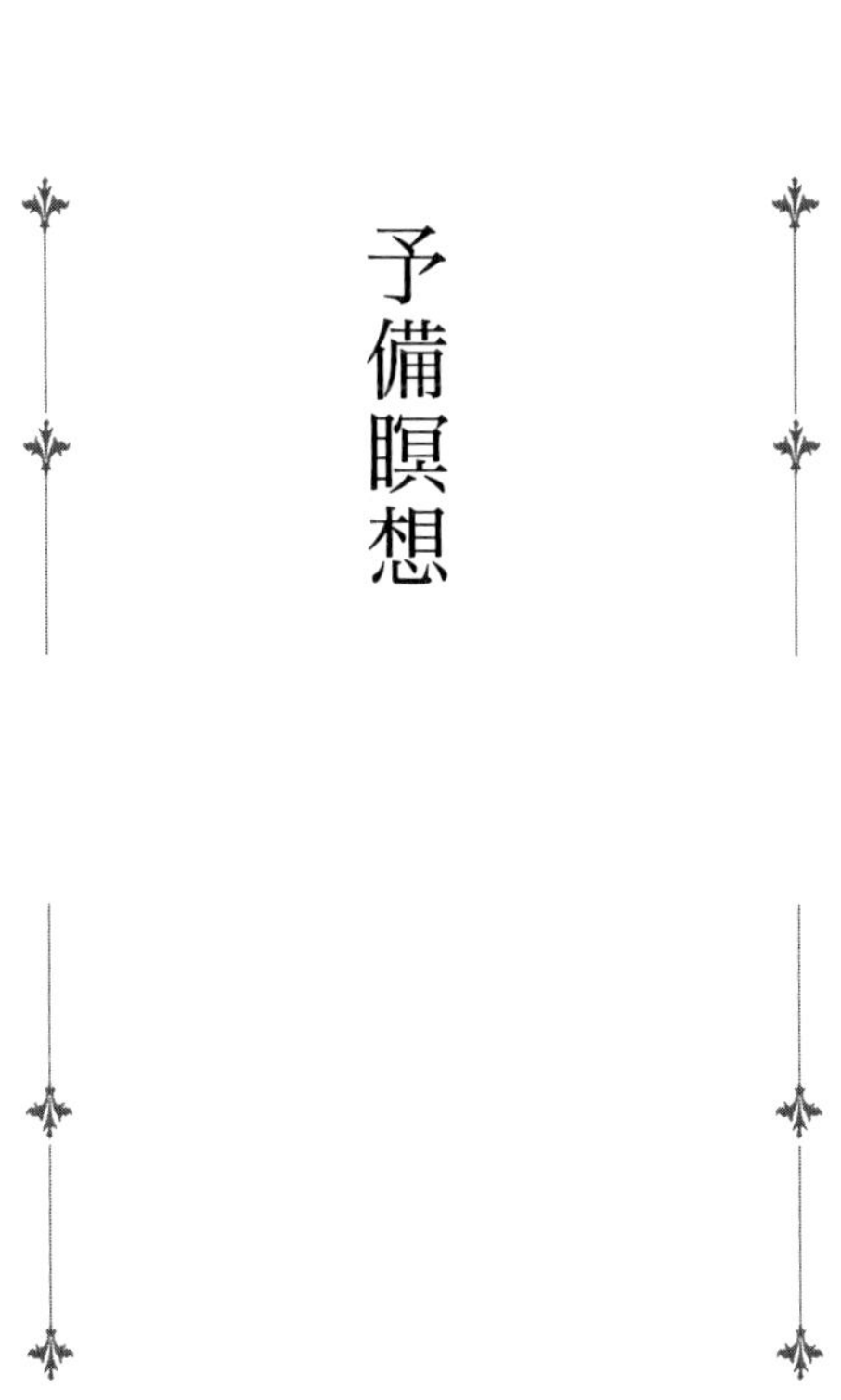

予備瞑想

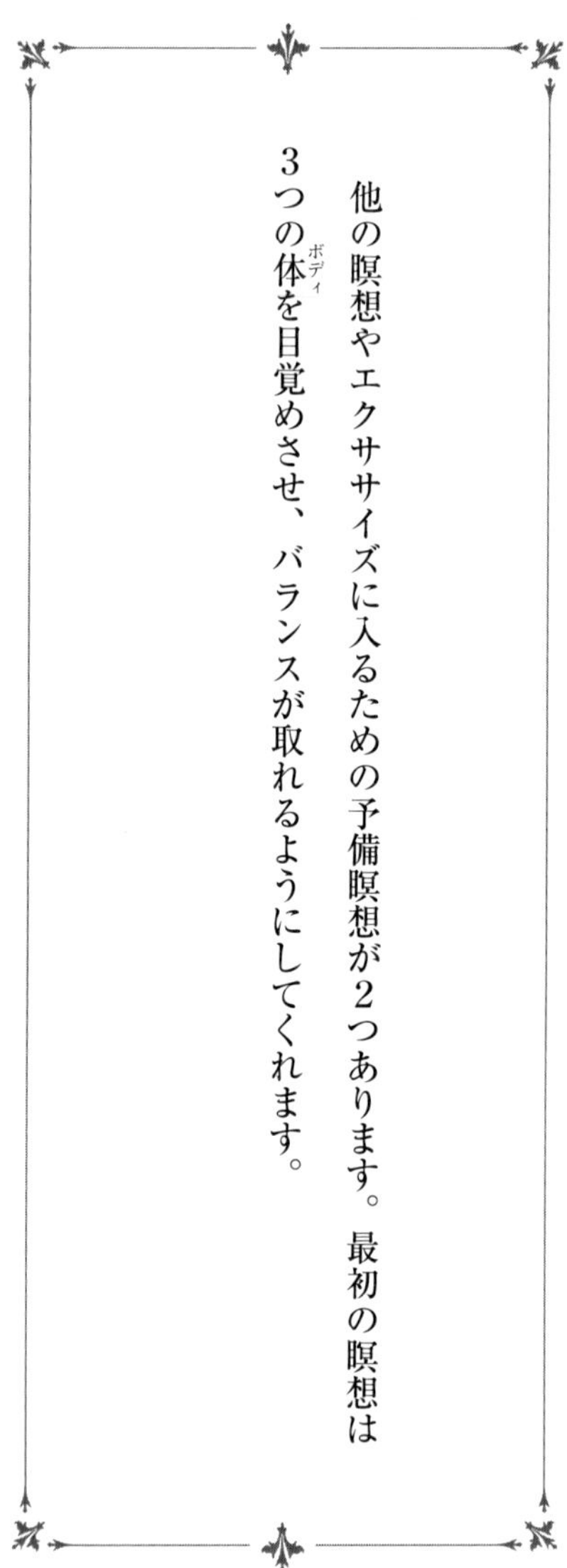

他の瞑想やエクササイズに入るための予備瞑想が2つあります。最初の瞑想は3つの体(ボディ)を目覚めさせ、バランスが取れるようにしてくれます。

１　３つの体（ボディ）のバランスを保つ

肉体を完全にリラックスさせてください。私たちは父からのギフトである肉体を愛し、尊敬しなくてはなりません。足のつま先に意識を集中させて、自分の意識がそこにあることを確認してください。深呼吸をして、ゆっくりと意識を両膝まで上げていきます。自分のエーテル・ダブル（訳注：エネルギー体）を感じ、それを視覚化してください。肉体も周囲がきらきらと光っています。これは命です。

膝から意識を太陽神経叢（そう）までゆっくりと上げていきます。深呼吸をしてこのセンターに集中します。純粋なスカイブルーの光・エネルギーが太陽神経叢から体全体に放射されています。息を吐き出していくと、すべての恐れ、疑念、暗闇が体の外に出ていきます。

さて、胸まで意識を上げていきます。ローズ色の光がハートの所から放射されています。ご自分の感情や欲望を鎮めて、ハートに愛情だけ感じてください。命への愛、ご自分への愛、そしてすべての人に対する愛を。特に自分の敵だと思える相手への愛を。ローズ色の光で地球全体を覆うことができるように拡大してください。ここ地球はあなたの今の仮の家なのです。人格としてのあなたはこの地球にありますが、地球はあなたのスピリット・魂の中にあります。

上に移動して、あなたの頭の中と周りに黄金の太陽を見てください。自分の想念をクリアにしてください。今、頭にあるのは創造的な想念のみです。自分の肉体の周りにエーテル・ダブルが白く、光り輝いているのを見てください。そして注意深く見て、白い光の輝きの中にすべての色があるのを見てください。深呼吸をして自

３つの体のバランスを保つ

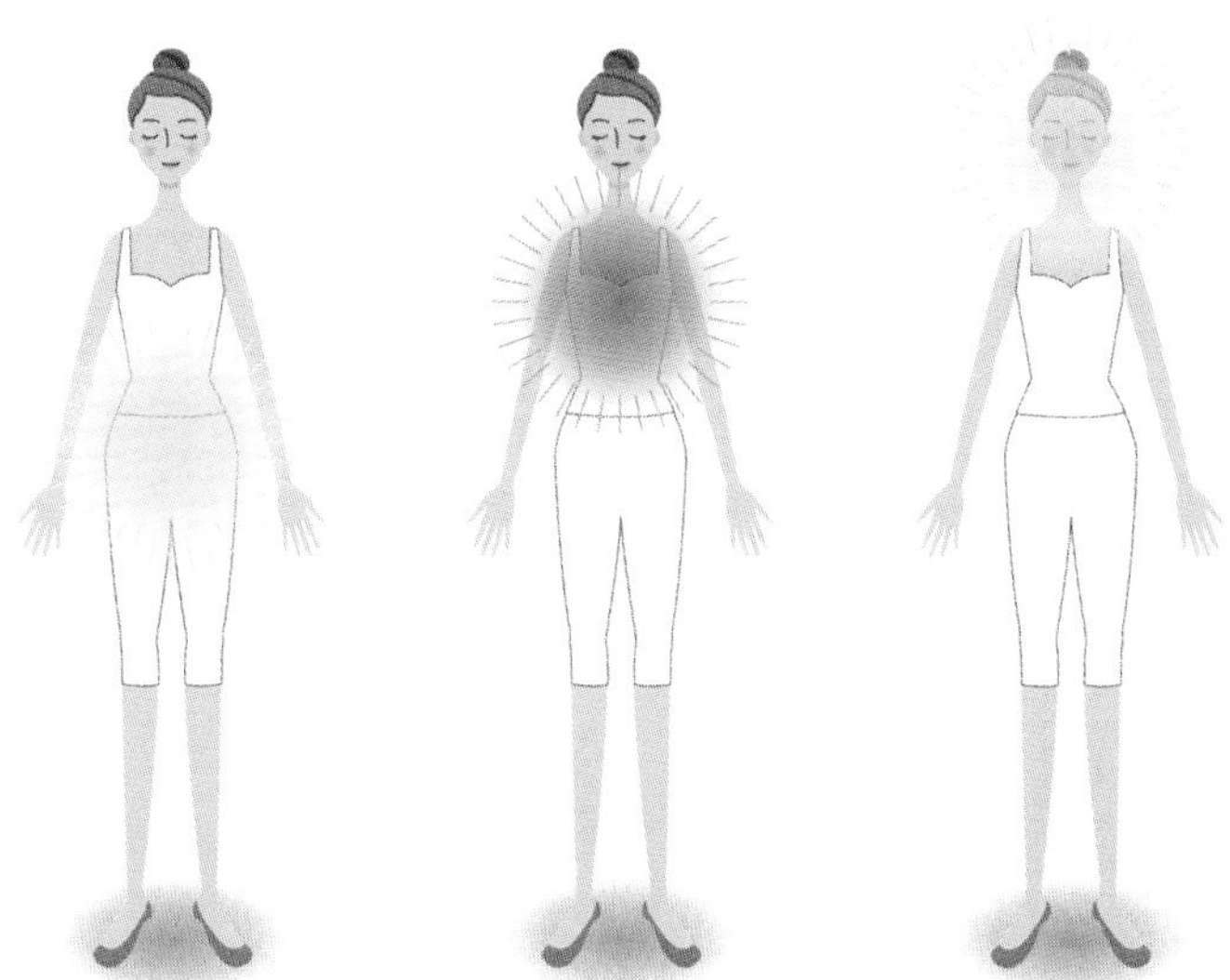

分の体が健康であることを祈ってください。

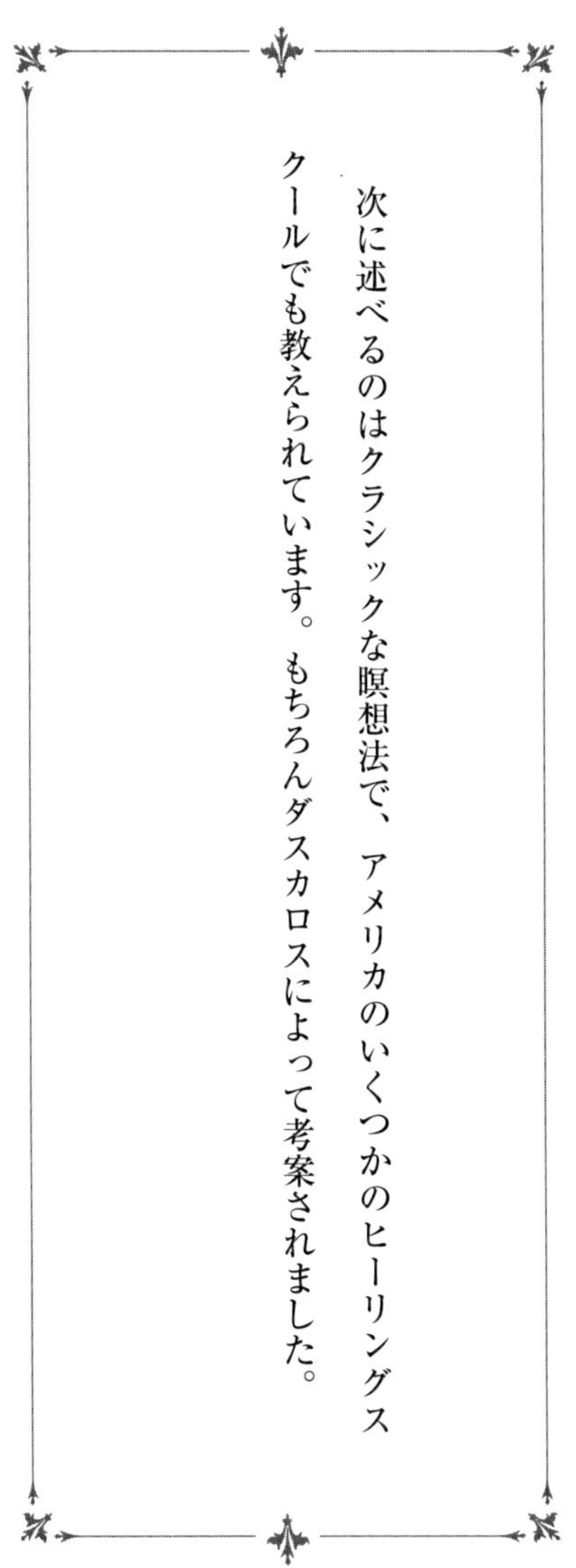

次に述べるのはクラシックな瞑想法で、アメリカのいくつかのヒーリングスクールでも教えられています。もちろんダスカロスによって考案されました。

2　大天使のピラミッド

まず、予備瞑想1で3つの体を整えてから始めます。

エーテルの両眼で床を見てください。そして、ご自分のエーテル・ダブル（訳注：エーテルの体）の白い光を使い、床に白い四角形を作りましょう。四角形を白い光で満たしていくときに自分のエーテルの手の指からエネルギーが流れ出るのを見て感じ、そしてその音を聞いてください。四角形の中央に立ってください。再びエーテルの指を使って、自分の前に三角形を作ります。そして、右側にも一つ、左側にもう一つ、そして後ろにも一つ作ります。この4つの三角形を立ち上げて、ピラミッドを組み立てます。ピラミッドはあなたの背丈の3倍ほどあり、真っ白い光で満たされています。

深呼吸をしてください。前方を見るとその三角形から黄金の光が上がってきています。これはロゴス（キリスト）の光です。この素晴らしい光の前に敬意をこめて頭を下げましょう。

右側の三角形からは赤い炎が上がってきています。これは大天使ミカエルです。両手を開き、赤い炎を受け取りましょう。深呼吸をしてください。あなたのエーテル・ダブルはミカエルの赤い炎でゆっくりと満ちていきます。この光は焼き焦がしたりしません。あなたの血液を浄化してくれます。ミカエルに助けてくれたお礼を言ってください。

左側を見ると、この三角形から薄紫色の炎が上がってきています。これはラファエルです。両手を開いて、薄紫色の炎を受け取りましょう。深呼吸をして、あなたのエーテル・ダブルが薄紫色になるのを見てください。ラファァエルはあなたが必要とするエーテル・バイタリティとエネルギーを与えてくれます。彼に助けてくれたことにお礼を言ってください。

振り返る必要はありません。後ろの三角形にスカイブルーの炎が上がってきています。これはガブリエルです。もっとも優しい、愛情深い大天使です。彼はあなたを抱きしめに来てくれます。深呼吸をしてご自分のエーテル・ダブルがスカイブルーの光に満たされていくのを見てください。ご自分の体のすべての液体が調和していくのを感じて、そして見てください。ガブリエルはあなたのサイキカル（訳注：感情体）に平和をもたらしてくれます。彼に助けてくれたことにお礼を言ってください。

深呼吸をしてください。シルバー・ホワイトの霞（かすみ）が床から上がってきて、まず足を包み込み、ゆっくりと頭まで上がってきます。これは大天使ウリエルでバランス

大天使のピラミッド瞑想

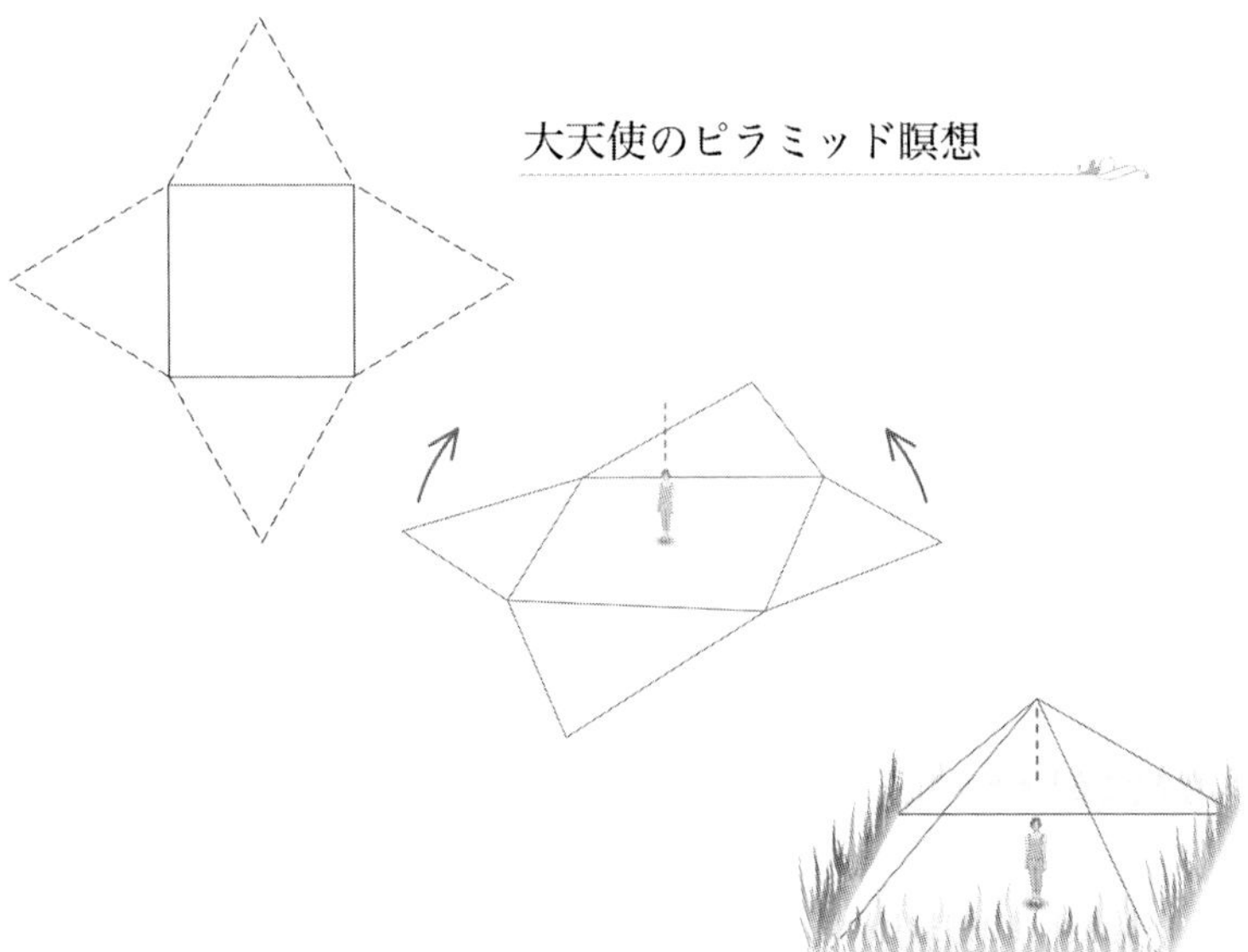

を与えてくれる偉大な存在です。彼に協力して、3つの体のバランスを会得してください。あなたのノエティカル体（訳注：思考体）、サイキカル体（訳注：感情体）そして肉体は完璧な調和と平安を得ることができました。ウリエルにお礼を言ってください。

大天使たちがあなたの体で働いているのを見てください。あなたに向けての彼らの愛を感じてください。ミカエルは私たちに火と暖かさ、ラファエルはパワーと勢力、ガブリエルは平和と落ち着きをもたらせてくれ、ウリエルはバランスと調和を与えてくれます。あなたの心臓の鼓動に耳を傾けてください。これはあなたをいかに愛しているか伝えてくれる大天使たちの声なのです。大天使たちがあなたを愛してくれているように、ご自分を愛してください。深呼吸をしてください。

この時点で、選んだ瞑想に進むこともできますし、ここでリラックスしてピラミッドを溶かすこともできます。

このピラミッドはシンボル・オブ・ライフの一番下のセンター10番に見ることができます。私たちがワークを行うワークショップもセンター10になります。

ここからシンボル・オブ・ライフのトップの大きな三角形（三位一体）の父なる神のもとに戻ってくる旅が再び始まるのです。

詳細は、先に述べた『シンボル・オブ・ライフ』に紹介されています。ご関心がある方は探究してください。そして、予備瞑想に続く他の瞑想やエクササイズなどは『光界への門』（パナヨッタ・セオトキ - アテシュリ著・須々木光誦訳・エドコム刊）で学ぶことができます。

第6章

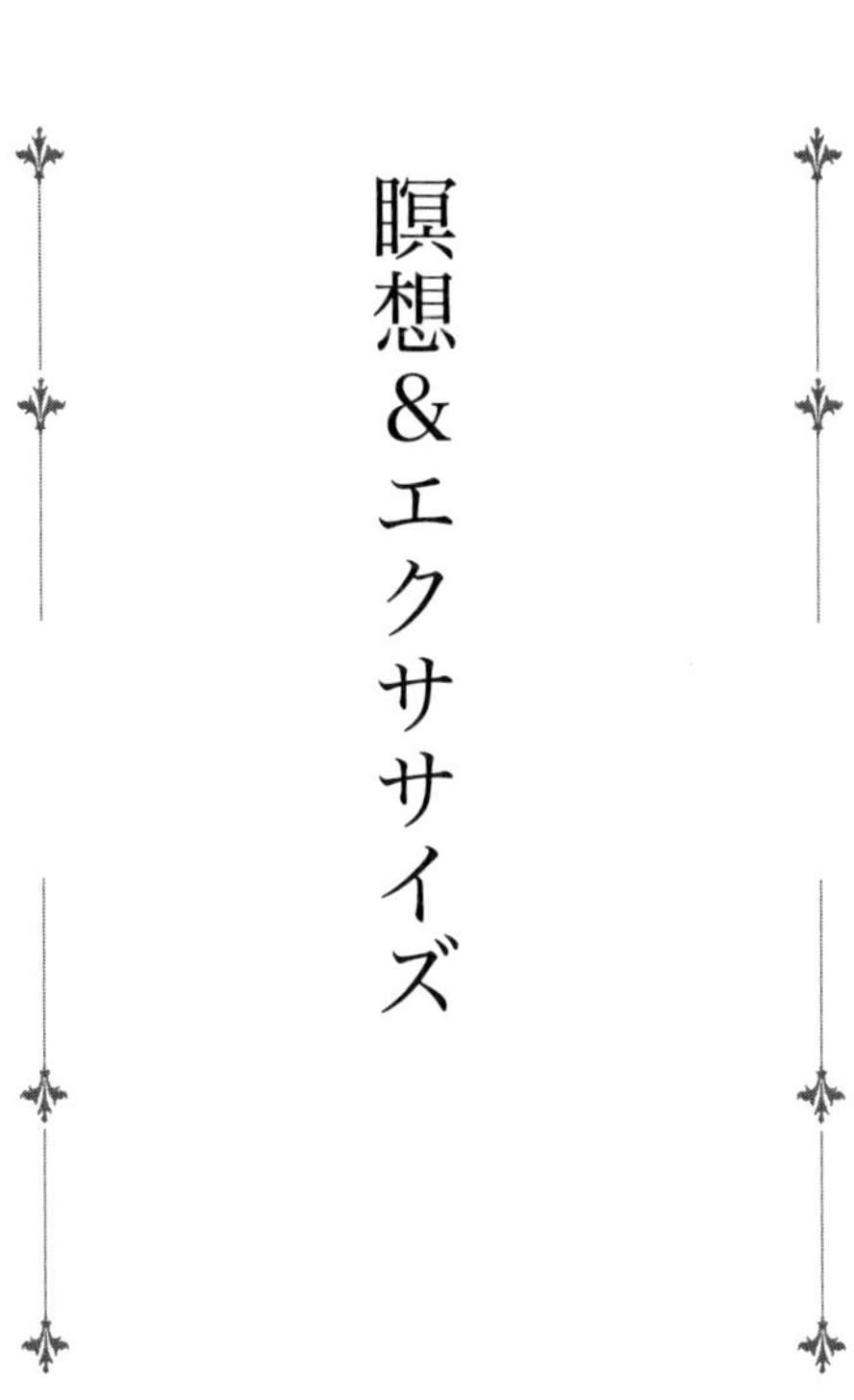

瞑想＆エクササイズ

最後の章では、瞑想とエクササイズを合わせて7つご紹介いたします。
順番に関係なく、いつでもどれでもプラクティスしてみてください。

これらの瞑想では、大天使たちの中で、エレメントの大天使たちが一番よく登場します。また、守護大天使のメタトロンも登場します。彼らがみなさん一人一人の中で働いてくれています。

エレメントの大天使をご紹介しますと、

大天使ミカエルは、色は赤、火や熱を司っています。
大天使ラファエルは、色は薄紫（バイオレット）、電気・磁気、気を司っています。
大天使ガブリエルは、色はスカイブルー、水、そして、感情を司っています。

大天使ウリエルは、色はシルバー、調和とバランスを司っています。

それから大天使メタトロンとは、あなたの守護大天使であなたにそっくりです。ただし完璧なあなたの青写真を持っていて、光り輝く、完璧なあなたなのです。

瞑想＆エクササイズ

1　キリストと大天使たちへのアチューンメント

2　6番目の聖なる光線（癒しの波動）

3　愛の光線

4　慈悲と愛の大天使になる

5　心の清い人々は幸いです

6 鳩のエクササイズ

7 聖母マリアとピラミッドのエクササイズ

1　キリストと大天使たちへのアチューンメント

1993年3月2日のエクササイズ

目を閉じて、完全に肉体をリラックスさせてください。

つま先から始めて、足、腹、胸、そして体全体をリラックスさせます。

深い楽な呼吸を始めてください。何を吸い込んでいますか？空気だけでしょうか？それとも肉体に命を与えてくれる源のエーテル・バイタリティも吸い込んでいるのでしょうか。

呼吸をして、空気が肺を満たしているのを感じてください。お伝えしますが、吸っているのは空気だけではありません。空気が入り、空気が出ていきます。しかし、何か他のものも空気中にあります。それは私たちがエーテル・バイタリティと呼ぶもので、あなたの体の中にいる大天使たちが使うものです。

ミカエル、ガブリエル、ラファエル、ウリエル、ケルビム、セラフィムや他の大天使他たちが、この瞬間、あなたが男性でも女性でも、すべての人間の体の中で働いているのです。大天使たちはあなたを愛しています。彼らは働き、あなたの肉体、サイキカル体とノエティカル体を健康に保っています。彼らを助けてあげてください。愚かなライフスタイルで彼らの働きを台無しにしないでください。悪いエレメンタルを創ったり、人を憎んだり、怒りを持ったりして、マインドのスーパー・資質で構成されているエーテル・バイタリティを無駄にするのをやめましょう。

聖なる父が、あなたという人間が体の中で生きられるように、このマインド・バイタリティを与え、そして思考したり存在するためのマインドとしてそれを授けてくれていることに気づいてください。

あなたは自分に任された、授けられたマインドのスーパー資質、資質、サイキカル資質と物質の本質を勉強しなくてはいけません。

さあ、深い呼吸をして、あなたの心臓の脈を感じてみましょう。あなたがその心臓の鼓動を起こしているのではありません。その鼓動を聞いてみましょう。誰がそれを生じさせているのでしょうか。

キリスト、ジョシュア・イマニュエルは自分の弟子たちにこう言いました。「あなたの心臓の鼓動に私はいる。お聞きなさい。私はあなたに話しかけている。私はあなたの神である。あなたの中にいる主である。あなたの永遠の存在・自己（Being-Self）を愛しなさい、それは私、あなたの中の神なのだ」

命とは本当は何か理解してください。今、自分の心臓の鼓動をただ聞いてください。鼓動の一つ一つがロゴス、そして神からの愛の言葉なのです。それに応えましょう。心の中で、こう唱えてください。「ありがとうございます。私は人間として生きています」そして、「あなたを真理として理解できますように、私たちの理性を光で照らし出してください」とお願いしてください。お願いしている理由はあなたがこう言われたからです。

「求めなさい。そうすれば、与えられる。探しなさい。そうすれば、見つかる。叩きなさい。そうすれば、開かれる。誰でも、求める者は受け、探す者は見つけ、叩く者には開かれる」（マタイによる福音書7：7‐8 共同訳）

探し始めるのです。あなたの心臓の音を感じて、あなたを愛する神の聖なる愛の声を聞きましょう。

すべての人間の心臓が鼓動していることをあなたは知っています。そして、すべての他の人間があなたと同じ神の子だとあなたは知っています。あなたは、自分の中の神の敵になることはなく、他の人間の敵にもなれないのです。これがキリスト、ジョシュア・イマニュエルの教えであったし、今もその教えです。このために、彼はこの世界に降りて来たのです。

自分の心臓の脈を感じて、心の中で言いましょう「私がこの鼓動を起こしているのではありません。あなたがそれをしてくれています。そして私の兄弟の聖なる大天使が私のために働いています。私は今、そのことがわかっています。この肉体と他の体を持って生きることができるのはその権利があるからではなく、神の恩寵によってであることがわかっています。私は自分が自己の目覚めに達したとき、恩寵によって生かされているのではなく、初めて自分の体（ボディ）＊に生きる（権利がある）ことがわかります。」

＊bodies ３つのボディを意味する。

意識を持って深呼吸をし、自分自身を「I-ness」として感じてください。

自分の肉体を神の神殿にして、肉体のハートの中に神を崇拝する祭壇を創ってください。自分の存在の中の神を崇拝し、他の人間の中の神も区別することなく崇拝しましょう。すべての人間は兄弟であり姉妹なのです。

キリスト、ジョシュア・イマニュエルが生まれたときに、聖なる大天使たちは、「いと高き所には栄光、神にあれ。地には平和、御心に適う人にあれ」（ルカによる福音書２：14 共同訳）と歌いながら地上に向かいました。それを決して忘れてはいけません。

時間をかけて肉体と自分の人間の存在を感じ、本当の人間として地球に生きていきましょう。

2　6番目の聖なる光線（癒しの波動）

by Panayiota（ＣＤ38）

リラックスして座り、深い楽な呼吸をして自分の内側に意識を向けましょう。

ゆっくりと自分の永遠の存在の中心まで入っていき、自分の意識の領域の扉を開いてください。

キリスト・ロゴスの座であるハートセンターに意識を集中させてください。

キリストの愛の中心に入ってください。

ハートの命の脈に意識を集中させてください。

深い呼吸をリズムよくとってください。安らぎと落ち着きがゆっくりと自分の存在全体を満たしていきます。

6番目の聖なる光線、ロゴスの光線の中ですべては静かで平和です。すべては静寂で平和であり、完璧で純粋な愛の光の中にあります。

完全に意識のある状態で、明確な想念と純粋な感情を持って、自分の中に「休息場所」を創造して、視覚化してください。自分の好きなように視覚化できますが、そこが清潔で明るいことを確かめてください。ここはあなただけの場所です。ここはあなたのサイキカル（感情）の状況の整った安らぎと癒しの場になります。そしてここはあなたのサイコ・ノエティカル（感情・思考）の作業場です。

深呼吸をして、あなたの「休息場所」を思考を使って準備して、数分そこに静かにいてください。

これで自分の中に素敵な明るい場を持つことができました。自分の注意を東に向けてください。美しい黄金の光が上っていきます。それは昇る太陽のようです。その放射された光はあなたの感情の最も秘密な場所に入り、光を当ててくれます。これはシンプルな光ではありません。この光は至福を与えてくれる、宇宙的な愛の光です。

あなたの休む場所は明るく光り輝いていきます。しばらくすると、この十分な光の中に白い、極めて優美な存在が現れます。最愛のイエスの光の姿です。黄金の光は**イエスの**ハートを中心にどんどん集中していきます。

イエスとあなたの周り、そしてあなたの内側も、すべてが明るく光り輝いています。

あなたはその本当に命ある存在の観察者です。彼の光にあなたは惹かれます。あなたの人格・自己は自分を小さく感じますが、同時に自分の**自己**（Self）を**魂**としてその偉大さを感じます。

畏敬の念を持ってこの光に頭を下げ、視覚化の技術を使って、自分のエーテルの両手をこの光に向けて挙げてください。

祈りをして、自分の両手の手のひらの中に癒しのエネルギーが与えられるように願ってください。

意識して呼吸をし、自分の癒しの場から癒しのエネルギーを自分の両方のエーテルの手に受け止め、体全体に流してください。

もしかすると、あなたは自分の手に暖かさか、新鮮な感覚を感じるかもしれません。それはあなたが何を必要としているかによります。それを感じたら、聖なる慈悲があなたの努力に応えて助けてくれることに気づいてください。

信じる心と愛を持って、自分のハートのあるところにエーテルの両手を置いて、傷、痛み、怒り、妬み、悲しみなど、自分のエゴイズムによって創られた傷が変容され、最も偉大なヒーラー、キリスト、ジョシュア・イマニュエルによって癒されるように願ってください。

キリストからあなたと世界全体に授かれる祝福を感じてください。

時間をかけて肉体に戻って来てください。

３　慈悲と愛の大天使になる

１９７８年５月25日（ＣＤ38）

目を閉じ、肉体をリラックスさせて、深い楽な呼吸をしてください。感情を鎮めて、思考もゆったりとさせてください。

両方のエーテルの手を前に差し出して、床に点を一つ描きます。エーテルの左手を使って、この点からゆっくりと、左側に黄金の光の直線を後ろまで描きます。その光が手から流れ出てくるのを視覚化して、見て、聞いてください。

次に同じようにエーテルの右手から右側に直線を描きます。

深い呼吸をしながら、自分の後ろの２点をつなぐ黄金の３本目の線が形成されていくのを視覚化してください。

あなたは今、一つの辺が3メートルほどに正三角形の中央に立っています。三角形からは黄金の光が光り輝いていますが、床は白いままです。

黄金の炎が三角形の右側の床から上っていくのを視覚化してください。炎はあなたの右足を包み込み、右足を上がり、前から太陽神経叢に入り、次にあなたの体の左側に行きます。その炎が左の脇の下に上がり、左肩に行くのを見て感じてください。左肩から直線で右肩に移動します。右肩から3本の黄金の光線になって上に上っていきます。

次に黄金の炎が床の三角形の左側から上ってくるのを見てください。炎はあなたの左足を包み込み、後ろから太陽神経叢に入ります。そこから体の右側に行きます。その炎が右の脇の下に登り、右肩に行くのを見て感じてください。右肩から直線で左の肩に移動します。左肩から３本の黄金の光線になって上に上っていきます。

深い楽な呼吸をして、エーテルの両手を上に挙げて、これらの黄金の翼の中に入れてください。

シルバー・ホワイトの光が、両足の間から上ってきます。上昇しながら、生殖器のセンターを通過して、脊柱を上がり、頭まで行き、クラウンから放射されて光り輝き、ハスの花のように見えます。この放射から白い炎が上ります。次に蛇のように見えるシルバー・ホワイトの放射が、頭上の白い炎から出現して、あなたの額にアーチ状にかかります。

深呼吸をしながら、あなたの太陽神経叢からスカイブルーの光が放射されるのを見てください。その光があなたの太腿や足の中に入り、広がって行きます。

強いホワイト・ローズ色の光があなたのハートセンターから放射され、周りにあるすべてを包み込みます。

あなたのヘッド・センターから黄金の光が太陽のように輝きます。それはあなたの頭から放射する白い光を強化して、シルバー・ホワイトの蛇にやさしく触れます。輝くシルバーの蛇は喜び、あなたの頭の周りに黄金の光の王冠を創ります。

深呼吸をして、雪のように白い六芒星があなたの後ろにゆっくりと形成されていくのを感じてください。上向きの三角形のてっぺんの点はあなたの頭上の高いところにあります。その頂点から、光の線が右と左に一本ずつ下りて行き、あなたのヒップからそれぞれ30センチほど離れた所に来ます。この三角形の底辺はあなたのおへそのあたりにあります。この三角形の中心はハートセンターです。

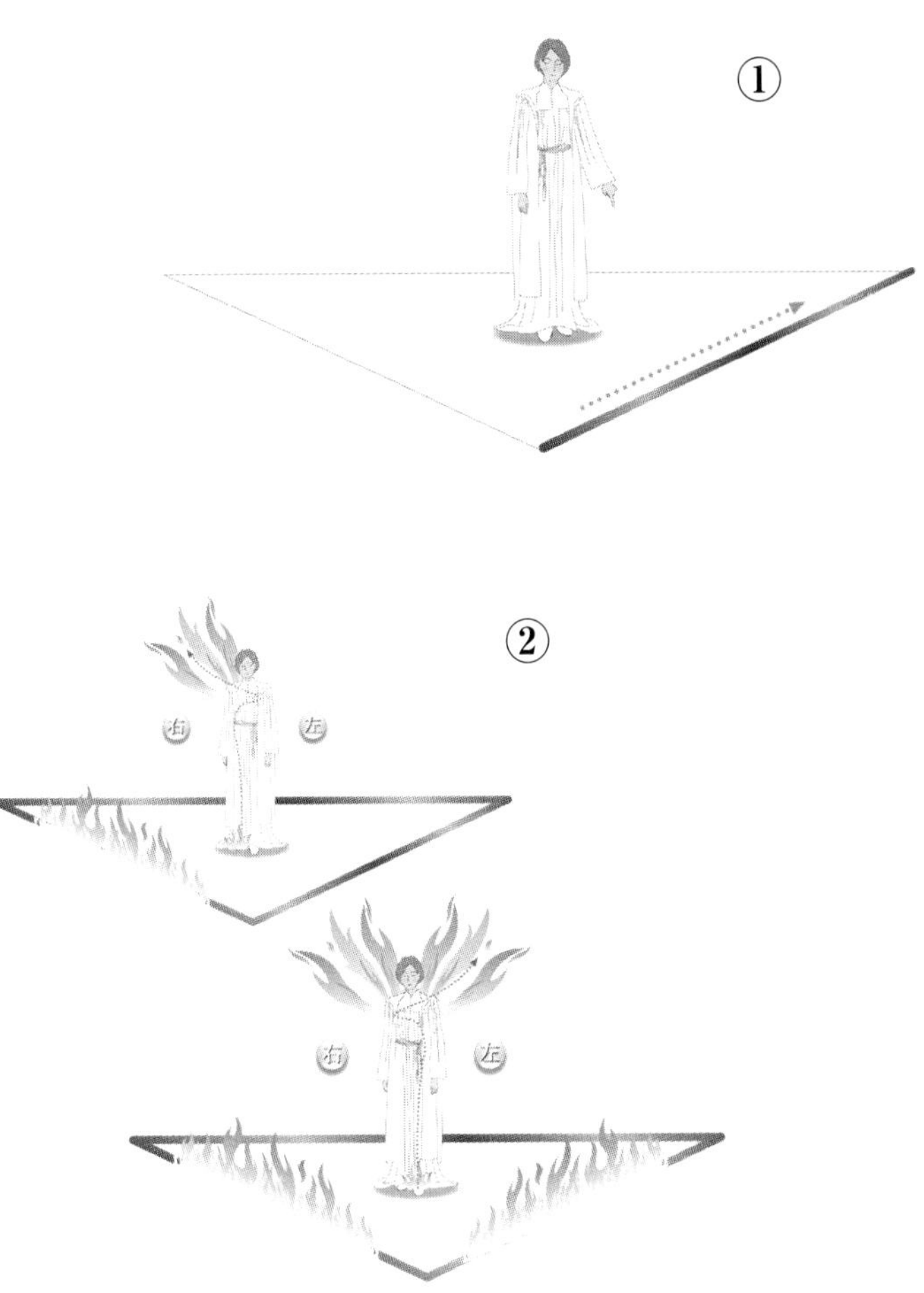
①
②
右
左
右
左

③

⑤
④

⑥

下向きの三角形の方ですが、その横線は、甲状腺の位置で、肩より上の高さで外に向けて横に15センチずつ伸びています。これらの端の点から白い光の線が降りて来て、膝の高さで合流します。この三角形の中心点は生殖器のセンターの中です。

深い呼吸を続けて、白い六芒星と大天使の姿をマインドのスーパー・資質とエーテル・バイタリティで満たしてください。

慈悲と愛の大天使たち、最愛のキリストの祝福を感じてください。

時間をかけて肉体に戻ってきてください。

４　愛の光線

ＩＣ‐１９７５年９月29日（ＣＤ５）

目を閉じて、肉体をリラックスしてください。
楽に深い呼吸を、意識を持って行ってください。
全ての感情と想念を、静めてください。

インプリント（刷り込み）エーテル＊を使い、大きなホールをイメージしてください。その床から白い光が放射されています。

＊インプリント（刷り込み）エーテル：イメージするとき自動的にエーテルの刷り込みの機能が働きます。

自分の真の姿を思考を使って描きます。あなたは白い光をまとって、ホールの中央に立っています。

エーテルの両手を一緒に、自分の体の前に伸ばして、床に点を一つ描きます。この点から左のエーテルの手を使って左側に黄金の線をゆっくり描き、自分の後ろの点まで持っていきます。

光が自分のエーテルの手から放射されるのを見て、感じて、聴いてください。

次に右のエーテルの手から同じように線を描いて、自分の後ろの点まで持っていきます。

深呼吸をして、この後ろの2つの点が黄金の光の線で繋がるのをイメージしてください。

今、あなたは一辺が3メートルの正三角形の中央に立っています。エーテルの右手を挙げているのをイメージしてください。人差し指を上に向けてください。指は一本の光線のように見えます。

深呼吸をして、**愛**という言葉を想ってください。言葉としてでも、音としてでもなく、その言葉の持つ意味です。**愛**という意味の中に入ってください。

しばらくすると、人差し指に、強いホワイト・ローズ色（白がかったバラ色）の光が螺旋（らせん）を描きながら降りてくるのが見えます。**愛**としての**ロゴス**です。ロゴスを愛として**感**じて、そして見てください。**愛**としてのロゴスがホワイト・ローズ色のリボンのように螺旋状に降りて来て、人差し指を包み込み、手、そして頭を包み込みながら降りてきて、次には、三角形の中心に立つあなたの胸、太陽神経叢、太腿、足そして足の裏まで到達します。

次にホワイト・ローズの炎が、三角形の中心から上昇していきます。炎はゆっくり、ゆっくり開き、あなたの肉体全体をホワイト・ローズ色の光に輝かせます。

リボンのように降りて来たホワイト・ローズ色の光が、三角の中心から登って来たホワイト・ローズの炎と同化して、ゆっくりと体、頭、両手を包み込むと、明るい色のオーラのようになり上昇します。

エーテルの右手を下ろしてください。両方のエーテルの手を自分の胸の前で合わせます。

自分（の真の姿）を見てください。白い光をまとい、肉体はホワイト・ローズ色のオーラを輝かせています。

床に描いた三角形の後ろの線から黄金の炎が立ち上ってきます。

その炎は両足の裏に触れ、太腿まで上がり、骨盤を通り、太陽神経叢に入ります。太陽神経叢に光り輝く一番目の黄金の太陽を創り始めます。

黄金の炎は上昇してあなたのハートセンターに2番目の黄金の太陽を創ります。

そして頭のセンターまでゆっくり到達して、３番目の黄金の太陽を頭の周りに創り、頭上に上がります。

この炎は肉体に３つの光り輝く太陽を与えてくれます、太陽神経叢に一つ、ハートに一つ、そして頭に一つです。

次に三角形の右側の床から黄金の炎が上るのを見てください。それはあなたの右足を包み込み、右足を上がり、体の前側から太陽神経叢に入り、体の左側に動き、左の脇の下に行き、左の肩まで上がり、そこから直線で右肩まで行きます。そこから、３本の黄金の光線として上に上がります。

次に黄金の炎が三角形の左側の床から立ち上り、左足を包み込み、左足を上がり、後ろ側からあなたの太陽神経叢に入り、体の右側に行き、右側の脇の下に行き、右肩まで上がり、そこから直線で左肩まで行きます。そして、３本の黄金の光線として上に上がります。

もう一度、自分の肉体の中で、ホワイト・ローズ色の炎が頭まで上がってくるのをイメージして、感じてください。頭上でそれは純粋な白い光になります。

エーテルの両腕を挙げて、黄金の炎の中に入れてください。今、それは黄金の翼のように見えます。

深呼吸をして、ハートセンターに愛のホワイト・ローズ色の光を感じてください。このロゴス的な愛がいつも自分の中にいるように願ってください。

あなたは大天使です。あなたは命です。

大天使の姿を保存して、徐々に肉体を感じてください。

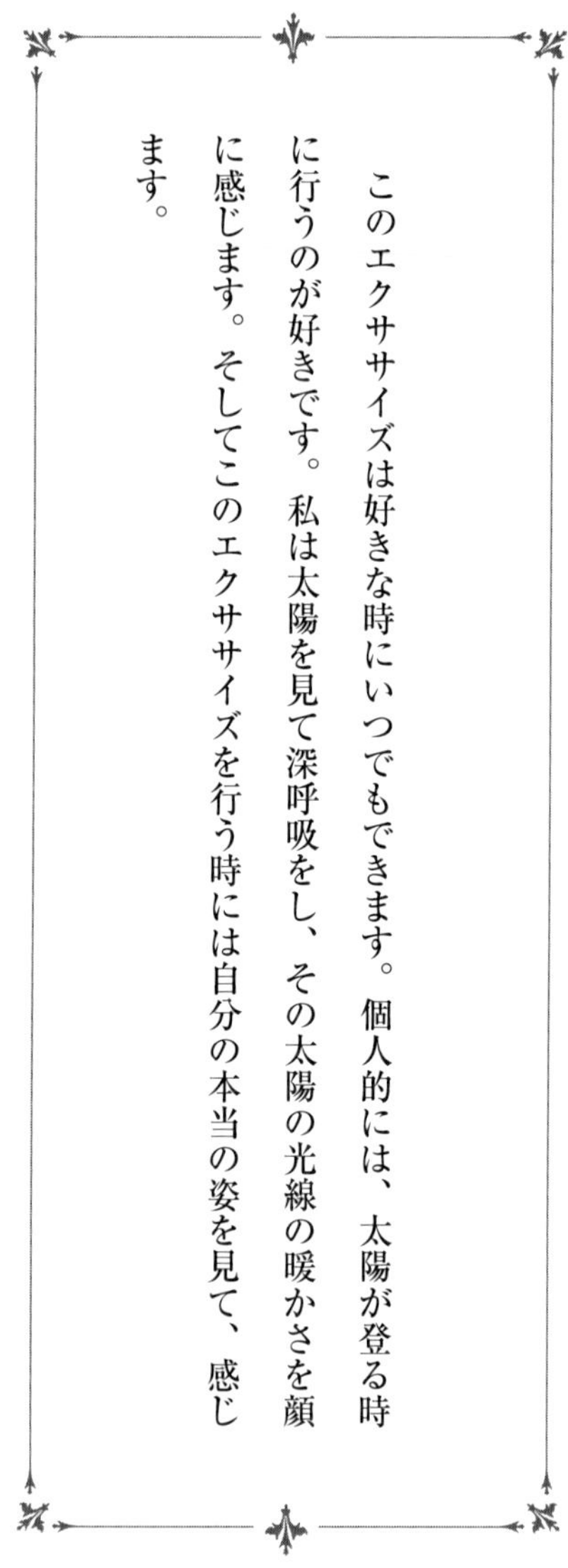

このエクササイズは好きな時にいつでもできます。個人的には、太陽が登る時に行うのが好きです。私は太陽を見て深呼吸をし、その太陽の光線の暖かさを顔に感じます。そしてこのエクササイズを行う時には自分の本当の姿を見て、感じます。

5　心の清い人々は幸いです

１９９３年9月21日

目を閉じて、肉体をリラックスして、深く、楽に意識を持って呼吸をしてください。つま先から頭のてっぺんまで肉体を完全にリラックスさせてください。

この体はあなたのものです。聖霊と聖なる大天使たちから授かった贈り物なのです。深い呼吸をして、心の中で彼らに感謝してください。

キリスト、ジョシュア・イマニュエルはこのように言いました。「あなたの肉体は神の神殿です」

自分の体全体を視覚化して、それが白い光で満たされているのをイメージしてください。一呼吸、一呼吸あなたが息をするたびにより多くの光があなたの体の中で光り輝きます。ゆっくり、それは光り輝くライト・ボディになります。

使徒ヨハナン（ヨハネ）はこう言いました。「あなたのエーテル・ボディにあるエネルギーのセンターは、集会の場所＊である」と。

＊「エレメンタル」という思考と感情の形態の集まり

意識を持って、あなたの体が神の神殿だと感じてください。この神殿の中で、大天使たちは神の栄光を讃えています。白い光を深い呼吸とともに吸い込んで、息を吐き出すときに、あなたの潜在意識にあるすべての影や、負のエレメンタルたちを手放してください。

白い光を吸いながら、ハートにある負の感情を浄化してください。あなたのハートを最も聖なる場にしてください。

この最も聖なる場所に祭壇があります。この祭壇の上には、消えることのない炎が灯るランプが置かれています。

あなたのハートセンターの「最も聖なる場所」に入ってください。キリストが、「心の清いものは幸いです。その人たちは神を見るからです」と言われた時の意味の中に入ってください。

あなたのハートセンターを通して、あなたは神が何であるかわかるようになります。あなたは、自分の本当の姿を、「スピリット・魂・エゴ・存在」として、誰であるかわかるようになります。

香炉の浄化の火であなたの想念を燃やし、愛と優しさのお香を神に祈りとして捧げてください。

呼吸を深く、意識を持って行い、あなたのノエティカル（思考体）、サイキカル（感情体）、そして肉体が浄化されて純粋であることを見て、この神の偉大な神殿が光輝いているのを見てください。

あなたの体の7つのセンターの教会の集会を確認してください。

神を恐れないでください。

誰も恐れないでください。

6　鳩のエクササイズ

エソテリック・プラクティス

自分の中から想念、知識、形などとして特定のものを引き出してみましょう。私たちは鳩に関して馴染みがあります。その大きさや、形、色、重さなどについて知っています。このエクササイズでは、最初に鳩を視覚化して、それからそれに命を与えていきましょう。

リラックスして深い呼吸をしてください。右のエーテルの手に白い石膏(せっこう)でできた鳩を視覚化してください。その形を見てください。石膏は冷たいです。左手を鳩の上に乗せてください。その羽の肌触りを感じることができます。それは本物の羽のようにソフトではありません。つめ先で鳩を引っ掻いてみます。石膏の鳩にはマインドの生命が運動エーテルとして入っていないので静止しています。鳩が両手から落ちて、床でこなごなに割れてしまうのを見てください。

右のエーテルの手を差し出して、その手に白い鳩が降りてくるのを視覚化してください。その鳩は石膏の鳩にそっくりですが、命で満ちています。あなたの手の上でバランスを取ろうとすると、少し震えます。鳩のバラ色の爪はあなたの肌に少し食い込みますが、痛みはありません。鳩の美しくカーブしたくちばしは黄色っぽい色をしています。

やさしく左手を鳩に乗せてください。その胸の羽を通して、鳩の心臓が羽ばたきをするのが感じられます。あなたがその絹のような羽を撫でると、鳩は少し動きますが、あなたのタッチが気に入っているようです。鳩はクークー鳴きます。石膏の鳩と違い、この姿はマインドの生命に満たされています。人差指で頭を撫でてあげてください。鳩が頭を動かすときに、その色の濃い、丸い目がまばたくのを見てください。鳩を愛で満たしてあげてください。

手を振ると鳩は飛んでいきます。鳩は石膏の鳩のように地面に落ちずに上昇して、あなたのところに戻って来る前に空で美しい円を描きます。鳩を撫でてあげて、もう一度、空に円を描き、あなたの手に戻ってくるようにしてください。愛情を持って離してください。

この鳩は永遠にエレメンタルとして存在し続けます。いつでも望めば、自分の手に呼ぶことができ、望めば、一緒に遊べるようにもう一羽の鳩を創ることも可能です。

聖母マリアが「天の白い鳩」だったことを覚えておいてください。

聖母マリアとの間に繋がりを作り、この鳩を祝福してもらってください。

聖母マリアの純粋さ、無垢さと安らぎをあなたのマインドにもたらせてください。

（訳注：以下エソテリック・プラクティスの「鳩」にパナヨッタさんにより追加された文章）

悲しみや痛みのある大変な状況の中で、聖母マリアはいつでもあなたを抱きしめて、助けてくれる用意があります。

あなたはマリアの助けを望んでいると伝えればいいのです。

あなたがこの白い鳩を呼び、自分の手に乗せると、聖母マリアの波動、その愛、純粋さと神の意志への彼女の無限の献身を感じることができます。

彼女はとても近くまで来て、あなたの中の美徳を目覚めさせてくれます。

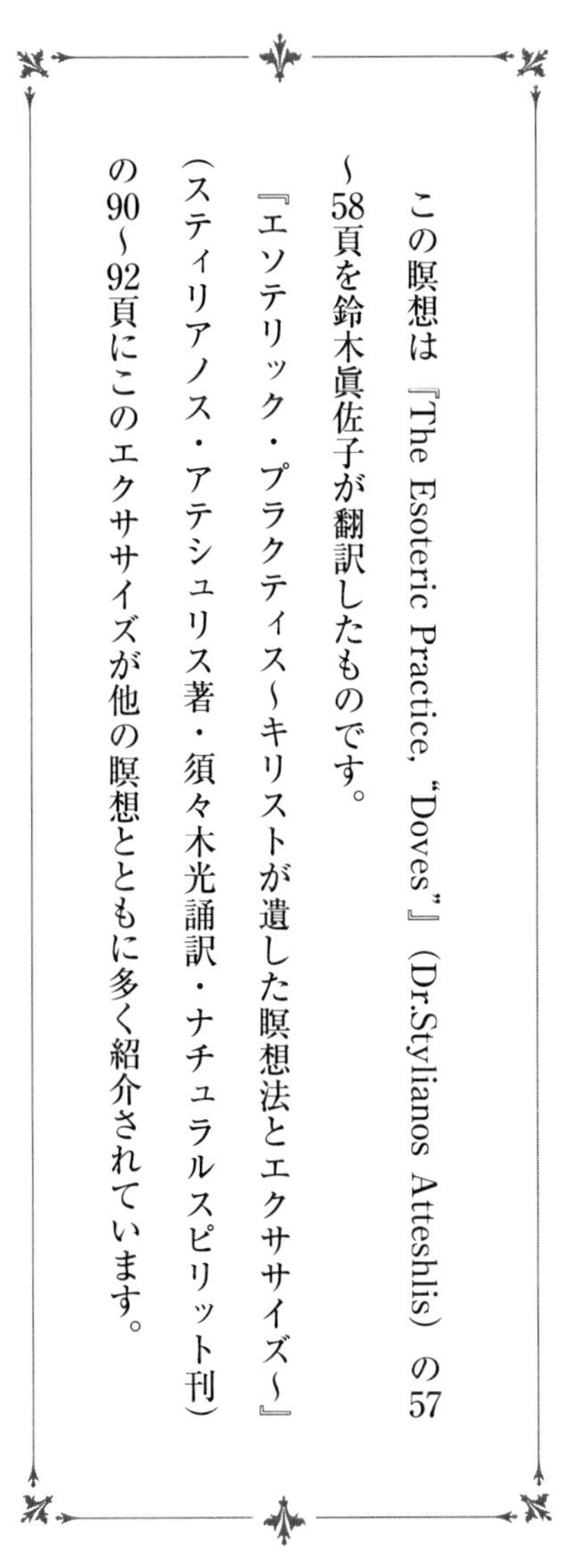

この瞑想は『The Esoteric Practice, "Doves"』（Dr.Stylianos Atteshlis）の57～58頁を鈴木眞佐子が翻訳したものです。

『エソテリック・プラクティス～キリストが遺した瞑想法とエクササイズ～』（スティリアノス・アテシュリス著・須々木光誦訳・ナチュラルスピリット刊）の90～92頁にこのエクササイズが他の瞑想とともに多く紹介されています。

7　聖母マリアとピラミッドのエクササイズ

１９９４年5月15日

もう一度、繰り返して言いますが、真理の探求者の目的は内省、ビジュアリゼーション、そして、建設的なエレメンタルを創るために私たちの糧（パン）であるマインド・バイタリティを正しく使う方法の訓練をすることです。それは自分の人生を内なる現実に変容していくことを意味しています。

それは真理の探求者だけではなく、すべての人にとって義務なのです。

目を閉じて、深呼吸をします。

肉体に意識を持って行き、すべての細胞と原子を感じてください。

足の指に意識を集中させます。そして、ゆっくり、ゆっくり膝まで意識を持って行きます。自分のエーテル・ダブルが光っているのを見てください。

意識は膝から太陽神経叢まで上がります。太陽神経叢から光が放射されるのを見てください。呼吸を吐くときに疑念や不安など暗いものはすべて出ていきます。純粋なエネルギー（光）は体に残ります。

エネルギーは胸まで上がり、ローズ色の光がハートから放射されています。光に色をつけます。感情や欲望を鎮めます。ハートの中に愛だけが感じられます。自分、そしてすべての人、そして創造物すべてへの愛を感じてください。

意識してローズ色を拡大していき、ローズ色で地球を覆います。人格としてこの地球に暮らしますが、スピリット・魂・自己として地球は自分の中に生きています。

エネルギーは頭まで上がります。黄金の太陽が頭の中と周りにあるのを視覚化してください。

自分の頭の中は創造的な想念だけになります。

自分を見て、この人間の姿が光り輝いているのを視覚化します。

足、両手、体全体が白い光を放射しています。

奇跡を信じますか？この奇跡が見えますか？

あなた自身がどのくらい美しいか見えますか？


次にエーテルの指を使って床に光を放射します。

指から床に放射される光を見て、その光を感じてください。

四角形を作り、自分がその中央に立っているのを見てください。

エーテルの手を使って四角形の前方に三角形を作ります。左、右、後ろにも同じように三角形を作ります。

三角形をピラミッドとして組み立てます。

ピラミッドは自分より3倍の背丈です。

中は白い光で満ちています。

黄金の光が、目の前の三角形を上ってきます。
キリスト・ロゴスの放射です。
光り輝くキリストを前に見て、頭を下げてください。

次に右の三角形に赤い炎が上がってくるのを見てください。
大天使ミカエルの炎です。
エーテルの両手を開いて赤い炎をいただきます。
意識して呼吸し、自分のエーテル・ダブルが赤く光るのを見てください。
ミカエルがあたたかい血、体の熱を与えてくれています。
彼と協力して、自分の血を浄化してください。
彼の助けにお礼を言ってください。

次に左を見て、三角形から薄紫の炎が上がってくるのを見てください。

それは大天使ラファエルの放射です。

ラファエルはあなたが必要とするエネルギーとバイタリティを与えてくれていま
す。

エーテルの両手を開いて、薄紫の炎をいただきます。

意識して呼吸をし、ゆっくり、ゆっくり、エーテル・ダブルが薄紫色に輝いてい
くのを見てください。

純粋なエネルギー、電磁気のエネルギーで満たされるのを感じてください。

免疫機能が強くなっているのを感じてください。

そして、彼の助けにお礼を言ってください。

振り返る必要はありません。

スカイブルーの光が後ろの三角形から上がっていくのを視覚化してください。

大天使ガブリエルです。最も優しく、愛情深い大天使です。

彼はあなたの方に行きます。彼の放射する光があなたを包み込みます。

ゆっくり、ゆっくり呼吸して、自分のエーテル・ダブルがスカイブルーに染まっていくのをイメージしてください。

あなたの肉体の液体が調和します。

サイキカル体に安らぎが感じられます。

こころの中で彼の助けにお礼を言ってください。

静かに呼吸を続けます。

ピラミッドの中央からシルバー・ホワイトの靄（もや）が上がり、広がっていきます。

足の底から頭までゆっくり上っていきます。

偉大なる平衡者（バランサー）、大天使ウリエルがバランスを与えてくれます。

３つの体にバランスと調和をもたらしてくれるように、あなたと共に働いてくれるようにお願いしてください。

今、3つの体が完璧なバランスにあります。
彼に手伝ってくれたお礼を言ってください。

目の前の黄金の光を見てください。
深い呼吸をして、黄金の太陽を太陽神経叢の位置に見てください。
もう一度、深い呼吸をして、黄金の太陽をハートの位置に見てください。
もう一度、深い呼吸をして、黄金の太陽を頭の位置に見てください。

ゆっくりと3つの太陽は一つになり、拡大します。
自分の人間の姿は感じますが、それはもう見えません。

目の前にある黄金の門を見てください。
そこで、最愛のキリストが栄光の光の中で輝いているのを見てください。

キリストの最愛の母もそこにキリストと一緒にいます。
キリストの母、マリア様です。
マリア様に意識を集中してください。
彼女を見てください。
マリア様が近くにいるのを感じてください。
見てください。彼女が光り輝やいているのを。
マリア様は両手を広げ、あなたを待っています。
彼女に抱きしめられているのを感じてください。
あなたの頭を彼女の胸に置いてください。
マリア様のハートの鼓動を感じてください。
あなたの頭をなでてくれる手を感じてください。
その愛を感じてください。
彼女はあなたに祝福を与えてくれています。

マリア様はあなたにすべて与えてくれました。彼女の息子ジョシュアまで。
そして、あなたに何かを要求することは決してありませんでした。
彼女の唯一の望みは、あなたが自分自身を愛することを学び、そしてすべての人を
愛することを学ぶことです。彼女の息子があなたを愛してくれているように。
彼女の望みは、あなたが自分の原点を忘れないようにするということです。
次にゆっくりと、ゆっくりと後ろに下がってください。
黄金の光を胸に残し、ハートをもっとも聖なる場にしてください。
最愛のキリストの肉と血はあなたの中にあり、永遠の命を与えてくれています。

次に自分の人格の自己に集中して祈ってください。

ゆっくりとピラミッドを溶かしてください。
肉体を再び感じ始めてください。

そして、地球での使命を果たすためにしっかりと立つのです。
使命とは愛と奉仕です。

父の思い出

パナヨッタ・セオトキ・アテシュリ

神秘家について語り、その人物像を描くのは難しいことです。特にその神秘家が自分の父親だった場合は、なおさら難しいことであり、この一つの文章で彼の人生や哲学について正確に解説することは到底できません。父の思い出について記す際に、私には父の人生と教えについて、皆様にほんの少ししかご紹介できないことをあらかじめお伝えしておきます。

父は1912年の12月12日に生まれました。この三重に連なる12の数字に驚かれる方もいらっしゃると思います。数秘術師はこの誕生日にぴったりな解釈を見つけてくれるかもしれませんが、私たちはそのような解釈は必要としません。

プライベートなサークルで、父はとても不幸せな子供時代を過ごしたとよく愚痴をこぼしていました。当時、彼の父親はキプロスの英国王室海軍の高い地位についていました。子供の頃、私の父は、自分の意識がほかの子供たちよりももっと発達していることに気づきました。また他人が何を考えているかわかるのは、彼にとって自然なことでした。しかし彼は、ほかの子供たちが自分と違うということがよくわかっていませんでした。彼が自然霊たちや、ほかの人たちには見えない存在について話すと、誰も理解できないようでした。父がよく話してくれた次のエピソードがそのことをよく表しています。

少年時代のある時、先生が私の父に黒板に行って、数学の問題を解くように指示しました。父は先生に謝って、宿題をやってこなかったので、その問題は解けないと答えました。先生は、

「どれくらい覚えているか見せなさい」と迫りました。父が黒板の前にチョークを持って立っていると、彼の背後にいた存在が、

「ステリオス、心配しなくていいよ。私が一緒にいるから、黒板に正しい答えを

書けるように、君の手を取って教えよう」と言ってくれました。

父が書き終えると、先生はひどく腹を立てて、

「お前は嘘をついたな。宿題をやっていなかったら、絶対にこの問題が解けるはずがない。恥を知りなさい。お前には罰を与えなくてはいけない。教室を出て、ドアの後ろで廊下に立っていなさい」と言ったのです。

偶然にも、と言いましょうか。ちょうど校長先生が廊下を通りがかり、父にそこで何をしているか聞きました。父は何が起きたか素直にありのまま伝えました。幸いにして、校長先生はスピリチュアルな次元への理解がありました。彼は父を校長室に連れていくと、透明なヘルパーについていろいろ尋ねました。その「ヘルパー」がどのような問題でも解くことができると聞いて、父の父親（私の祖父）に息子さんにある実験を行いたいが、許可をもらえるだろうかと尋ねました。その実験とは、学校の先生たちは、ある数学の問題の解答だけがわかっているけれど解き方がわか

らなかったものを、父に解いてもらおうとしたのです。父は、「透明のヘルパー」の助けを得て、スラスラとその問題を解きました。

その後、先生たちは私の父がラテン語のテキストを翻訳できるかどうかにも興味を持ちました。すると、父は、

「現代ギリシャ語がいいですか、古代ギリシャ語にしますか?」と聞いたのです。

校長先生は父に、人々はこういったことが理解できないので、スピリットとの関係について、とても慎重にしなくてはいけないと注意しました。校長が祖父と話した時、

「この少年に何を教えたらいいのでしょう。彼は私たちよりはるかに多くのことを知っています。」と言ったそうです。

とても若い頃から、父は自分の過去の転生に気づいていました。彼にとって、輪

廻転生は絶対的な真実で、彼の哲学全体がその信念に基づいています。例えば、彼はキリスト、ジョシュア・イマヌエルが活動していた頃、使徒聖ヨハネであるヨハナンと過ごした時のことを覚えていました。父が7歳の時にヨハナンは彼に「7つの約束」を渡し、それが「真理の探究者」の誓いになったのです（父には「弟子」はいませんでした。彼はグルにはなりたくなかったのです。彼は生徒たちを、「真理の探究者」と呼んでいました）。

私たちは幸せな家族でした、父と、結婚するまで先生をしていた母、そして妹と私です。私が14歳の時、母は亡くなりました。それは私たち全員にとって大変なショックでした。それからずっと父は私と妹のために、父であり母でいてくれました。彼は、本当に愛情にあふれた最良の父親でした。

父は新約聖書が大好きでした。新約聖書は、真理の探究者の最も大切な友であるべきだと父はよく語っていました。また父は、人生で必要な本は2冊しかない、一冊は新約聖書、もう一冊は自分の「人生の本」だと言っていました。「人生の本」では毎日、新しいページに自分を記すのです。もし最後のページが汚れてしまっても構いません。新しいきれいなページに書き込むのです。「イエスはその人に、『鋤に手をかけてから、後ろを振り返る者は、神の国にふさわしくない』と言われた」とあります（ルカによる福音書9：26 新共同訳）。

父の家は、近所の人たちや学生や、癒しを求めに来る人々で、いつもいっぱいでした。小さい頃から、父には癒しを施す天賦の才がありました。ときには、1日に80人もの人を看て、ほとんどの人が癒されました。そして、彼らが父にお礼を言うと、「私ではなく、神さまにお礼を言いなさい」と言うのでした。癒しの中には、あまりにも想像を絶するものがあり、人々はそれを奇跡と呼びました。すると父は、「それは奇跡ではない。自然の法則を知っていれば、それがわかる」といつも言うのでした。

もし、父の教えを二つの単語で表すとすれば、それは、「Wake up!（目覚めなさい！）」でしょう。彼は霊的に眠っている人々を目覚めさせるのが大好きでした。「あなたは誰ですか？あなたは何ですか？」と父は聞くのです。そして、「あなたは、あなたの感情でなければ、欲望でもないし、想念でもないのですよ。あなたは、自分の肉体でもないし、もっとはるかに偉大なものです。『私は言った。あなた方は神々だ。そして、皆、もっとも高次の存在（高き方）の子供たちなのだ』（詩篇82：6及びヨハネによる福音書10：34に基づく）」と父は言うのです。

最後に、ヨハナンが父に渡した七つの約束、真理の探究者のための誓いをご紹介して、この「父の思い出」の文章を締め括りたいと思います。

私は自分に誓います。

1　いつでもどこでも、自分がその一部である絶対存在に心から仕えます。

2　いつでもどこでも、「聖なる計画」のために奉仕する用意ができています。

3　いつでもどこでも、どのような状況にあっても、想念と言葉、この二つの聖なる贈り物を正しく使います。

4　最も知恵深い「聖なる法則」が与えてくれる試練や苦難に辛抱強く、不平不満を言わずに耐え忍びます。

5　自分に対してどのような行動をとっても、心の底から誠意をもって、同胞である隣人たちを愛し、彼らのために仕えます。

6　毎日、「絶対存在」について瞑想、黙想して、「聖なる意志」に自分の想念、願望、言葉や行動が一致するようにします。

7　毎晩、自分のすべての想念、願望、言葉や行動が「聖なる法則」と完全に調和しているか調べて、確認します。

訳者あとがき

本書の表紙にも使わせていただいている、美しいマリア様の絵を描かれたはせくらみゆきさんに初めてお会いしたのは、6、7年前に八ヶ岳のセミナーに参加したときのことです。同じホテルに宿泊されていて、温泉でご一緒することになりました。

その時、確かキリストの話をしていたと思うのですが、急にチャネリング状態に入られて、「エッセネ派が復活します」という言葉を伝えていただき、とても感動したことが記憶に鮮明に残っています。

Kan.さんは若い頃にキプロスの師、ダスカロスとの出会いがあり、エッセネ派に対する造詣が深いことを私は知っていたので、みゆきさんのメッセージをメールでお送りしました。その時はお返事はなかったのですが、数ヶ月後、フナイ・フォーラムの講演の会場前でばったりお会いすると、笑顔で「エッセネ派の復活です」と声をかけていただきました。

2000年前にエッセネ派が成し遂げなかったことを、今回はやり遂げようとしているのではないでしょうか。お二人の言葉はハートを熱くさせてくれます。

8月にドイツ語圏向けのパナヨッタさんによるマリア様のウェビナーがあり、内容に感動して本作りに向けてパナヨッタさんへの相談、交渉が始まりました。話が進む中、ふとみゆきさんのカレンダーを見ると12月の絵がマリア様と天使たちでした。こんなすばらしいシンクロはないと思い、ぜひ絵を本の表紙に使わせていただけないかとお聞きしました。自分の希望をお伝えするために、ある程度まとまってきた原稿をお送りさせていただきました。しばらくして待ちに待ったお返事をいただだきました。

鈴木様

こんばんは。
はせくらみゆきです。
大変遅くなり、申し訳ございません。
当方の仕事がひと段落したところで、
ずっと気になっていた貴重な原稿――
聖母マリアの小さな本を拝読させていただきました。
百合の香りがどこからか漂ってくるような、
高貴で次元の高い御本に感動致しました。

この美しいエネルギーは、これから必要となるもの、と思います。
そしてこの決して楽ではなかったであろう翻訳を、
こつこつと邁進された、そのご尽力に感謝申し上げます。
どうかすべて整いますように。
時満ちて、この叡智が日本の方にも届きますように、
お祈りしています。

寒い折です。
どうぞお身体をご自愛くださいませ。

このメールのお返事に、飛び上がって喜んだのは言うまでもありません。

そのようにカレンダーでマリア様の絵を発見したのですが、カレンダーといえばパナヨッタさんのお誕生日、11月21日はマリアさまが、「天の白い鳩」として、エッセネ派の寺院に入られた日とされています。そして、パナヨッタさんの祖父の苗字、パナヨティスの意味は、無原罪の聖母（Immaculate Lady）であり、そこから取った「パナヨッタ」という名前の意味は「聖母マリアに献身する人」。パートナーの名字セオトキも、ギリシャ語で、「神の母に献身する」という意味があるそうです。この深いご縁を通してシェアしていただいたことに心から感謝しています。

本書を作成するにあたり、Kan. さんのアドバイスのおかげでここまでこられました。そして、はせくらみゆきさんの絵のおかげで、素敵な本になりました。

また、本書の編集と株式会社きれい・ねっとの山内尚子さんへの紹介は兒玉裕子さんによるものでした。長い間、ダスカロスの本を次々と世に誕生させ、今回もサポートしてくださった太陽出版の片田雅子さん、アドバイスくださったビイング・

ネット・プレスの埋田喜子さん、瞑想のイラストを描いてくれた山田恵美子さん、原稿を見直してくれたパートナー、大勢の方のサポートなしではできなかった本です。

そして、この本の出版を可能としてくださったきれい・ねっとの山内尚子さんには感謝してもしきれません。実は今までダスカロスのお弟子さんたちの本は訳させていただいてきましたが、ダスカロス自身による文章の訳本は私にとっては初めてなのです。何年かキプロスのパナヨッタさんのもとに通いながらこの日をずっと待ち望んでいました！

天と、きっと見守ってくださっているイエス様、マリア様、ファザー・ヨハナン、ダスカロス、支えてくれる仲間たちに心から愛と感謝の気持ちをお伝えしたいと思います。本当にありがとうございました。

祈りと共に

鈴木眞佐子

人々がダスカロスを「ヒーラー」と呼ぶと、「だれも自分がヒーラーだということはできない。唯一のヒーラーはキリストだ」と彼は答えました。私たちはロゴス・キリストと聖霊の手の中で道具になることを名誉だと思わなければなりません。

世界中の人々がストロヴォロスの町のストアに、彼の講義を聞きに、そして、ヒーリングを求めて訪ねて来ました。そして、1995年8月26日に82歳で彼は天寿を全うしました。

ダスカロスの著作

The Parables and Other Stories (1991) 『キリストのたとえ話』
(須々木光誦訳・2017年エドコム刊)

The Esoteric Teachings: A Christian Approach to Truth (1992)
『エソテリック・ティーチング―キリストの内なる智恵 秘儀的な教え』
(真理子ランバート監・ハラランボス ランバート監・須々木光誦訳・2006年ナチュラルスピリット刊)

The Esoteric Practice: Christian Meditations and Exercises (1994)
『エソテリック・プラクティス―キリストが遺した瞑想法とエクササイズ』
(真理子ランバート監・ハラランボス ランバート監・須々木光誦訳・2003年ナチュラルスピリット刊)

The Symbol of Life (Das Symbol des Lebens (1998)
『シンボル・オブ・ライフ』(エドコム編集室編・須々木光誦訳・2018年エドコム刊)

Joshua Immanuel the Christ: His Life on Earth and His Teaching (2002)
『ジョシュア・イマヌエル・キリスト(地上での生涯とその教え)』
(須々木光誦訳・2017年エドコム刊)

Words of Truth (2010) 『真理の言葉』
(パナヨッタ・セオトキ - アテシュリ著・須々木光誦訳・2011年エドコム刊)

スティリアノス・アテシュリス博士（ダスカロス）
Dr. Stylianos Atteshlis

スティリアノス・アテシュリス博士（1912-1995、通称「ダスカロス」）はギリシャ系キプロス人の神秘家であり、ヒーラーでした。「ダスカロス」はギリシャ語で先生を意味します。彼は1912年12月12日にキプロスで生まれ、生涯のほとんどをそこで過ごしました。彼には二人の娘、パナヨッタとイレーネがいます。

彼はキプロスと英国（セント・アンドリュース大学）で教育を受け、1960年6月17日に哲学で博士号、1961年7月28日に神学で博士号を取得し、その他いくつかの学位を取得しています。また、博士号の学位とともにゴールド・メダル（最優秀賞）も受賞しています。

ダスカロスは12の言語を話し、読み書きもできましたが、その中には失われたとされる言語（アラム語、サンスクリット語、古代エジプトの象形文字）も含まれていました。

ダスカロスの趣味は、作曲と演奏（バイオリンとピアノ）をはじめ、詩作、絵画、ガーデニング、言語学習でした。彼の絵の多くは独自のスタイルで描かれており、また彼には何冊かの著書があります。

ダスカロスはキプロス政府の印刷局で職業経験を積みました。しかし、彼はその教えで知られていました。70年間、人々に教え、スピリチュアル的に眠っている人々を目覚めさせようとしたのです。彼は必要とされると、いつでも、どこへでも出向いて人々を助け、癒しました。

彼は「真理の探究者」のサークルを設け、キプロスの「ストア」と呼ばれる小さな場所で教えていました。彼のプラクティスと瞑想に関する文献は、ギリシャ語、英語、ドイツ語、フランス語、イタリア語、スペイン語、ポルトガル語、そして日本語に訳されています。

ダスカロスの教えを３つの言葉でごく簡単に表すとすれば、「無条件の愛」「目覚めなさい！」そして、「自由」でしょう。「自分の想念、感覚や感情のマスターになり、それらの奴隷になってはいけないのだ！あなたは自分の人格のエゴイズムを減らして、神とすべての人々を愛すべきだ。これが健康で幸せでいる基本だ」と彼は言っていました。そして、にっこりしてこう言い足すのです。「レッスンを受けに来る人たちは、講義を聞き、そこから学び、自分の人生をよりよくするために必要なものを受け取りなさい。自分たちの先生をマスターとかグルとして見てはいけない。みな自分自身のマスターにならなくてはいけないのだよ」。

パナヨッタ・セオトキ・アテシュリ
Panayiota Theotoki Atteshli

パナヨッタ・セオトキ・アテシュリ（Panayiota Theotoki Atteshli）は「ダスカロス」として多くの人々に愛されたスティリアノス・アテシュリス博士（Dr. Stylianos Atteshlis）の長女として、地中海に浮かぶ小さな島、キプロスに生まれました。

彼女は学校での教育のほか、音楽（ピアノ）を学びました。また、彼女は絵描きでもあり、作家でもあります。現在はビジネスマンの夫と共に暮らしています。

父ダスカロスは「真理の探究」と呼ばれる、エソテリックなキリスト教のある特別な教えを、幼い頃から彼女に伝えました。

父親の書斎で、愛する父の言葉の一言も聞き逃さないように一生懸命だった少女のパナヨッタですが、ダスカロスのライフワークを、これから生まれてくる何世代もの人々のために守り、伝え広めることになるなど、当時は夢にも思っていませんでした。また、将来、自分自身が師となって人々を導く役割を担い、キプロスの国内外で講義を行ったり教えたりしながら父親の使命を継いでいくことが運命づけられていることなど知る由もありませんでした。

その時が来れば、パナヨッタは父親が信頼して、娘の手に残したものを家族のメンバーに預けることになります。

パナヨッタの望みは、天の最愛なるキリストと聖母マリアから力を授かりながら、人生の最期まで人類に奉仕し続けることです。

鈴木 眞佐子
(すずき まさこ)

東京都生まれ。父親の仕事の関係で小学4年から高校卒業までアメリカに住む。慶応義塾大学文学部哲学科卒業。
オハイオ州政府東京事務所に勤務ののち、家族とともに渡英、ロンドン大学キングス・カレッジで修士号(英文学・芸術)、ロンドン・スクール・オブ・エコノミックスでディプロマ(国際関係論)を取得。その後、アメリカのヒーリング・スクールを修了。

訳書『メッセンジャー・シリーズ』『ストロヴォロスの賢者への道』『太陽への秘儀』『永遠の炎』(キリアコス・マルキデス著・1999 年太陽出版刊)によって初めてダスカロスを日本に紹介。それ以来、キプロスに通い、ダスカロスを継承する長女パナヨッタ氏の下で学んでいる。その他、『クジラと泳ぐ』(ダニエル・ジョセフ著・2016 年太陽出版刊)によりエソテリックな教えも伝えている。

ダスカロス以外の訳書に、『光の輪』(ロザリン・ブリエール著・太陽出版刊)『ハートの聖なる空間へ』(ドランヴァロ・メルキゼデク著・ナチュラルスピリット刊)などがある。
また、ホワイト・イーグル・シリーズの、『キリスト、師、そしてヒーラー』(仮題・ナチュラルスピリット刊) 英語名『Jesus, Teacher and Healer(The White Eagle Publishing Trust)』を訳著として刊行予定。

この星の未来を創る一冊を
きれい・ねっと

永遠(とわ)の祈り

ダスカロスが伝えるエッセネ派の聖母マリア

2021年8月15日　初版発行

著者　Dr. スティリアノス・アテシュリス／ダスカロス
編集　パナヨッタ・セオトキ・アテシュリ
訳者　鈴木眞佐子
発行人　山内尚子
発行元　株式会社 きれい・ねっと
〒670-0904　兵庫県姫路市塩町91
TEL：079-285-2215 / FAX：079-222-3866
https://kilei.net
発売元　株式会社 星雲社　（共同出版社・流通責任出版社）
〒112-0005　東京都文京区水道1-3-30
TEL：03-3868-3275 / FAX：03-3868-6588
編集協力　兒玉裕子
装幀　須藤聖名子

ISBN 978-4-434-29360-3